深圳证券交易所三十年研究成果精选丛书

创新资本形成
——理论、实践与未来

郑南磊　彭兴庭　卢晓珑　等◎著

中国财经出版传媒集团
中国财政经济出版社

图书在版编目（CIP）数据

创新资本形成：理论、实践与未来／郑南磊等著． ——北京：中国财政经济出版社，2022.8

（深圳证券交易所三十年研究成果精选丛书）

ISBN 978-7-5223-1457-0

Ⅰ.①创… Ⅱ.①郑… Ⅲ.①企业创新-研究 Ⅳ.①F273.1

中国版本图书馆 CIP 数据核字（2022）第 094206 号

责任编辑：康婧琳　　　　　　　责任校对：徐艳丽
封面设计：陈宇琰　　　　　　　责任印制：刘春年

创新资本形成——理论、实践与未来
CHUANGXIN ZIBEN XINGCHENG——LILUN、SHIJIAN YU WEILAI

中国财政经济出版社 出版

URL：http://www.cfeph.cn

E-mail：cfeph@cfeph.cn

（版权所有　翻印必究）

社址：北京市海淀区阜成路甲 28 号　邮政编码：100142

营销中心电话：010-88191522

天猫网店：中国财政经济出版社旗舰店

网址：https://zgczjjcbs.tmall.com

北京时捷印刷有限公司印刷　各地新华书店经销

成品尺寸：170mm×240mm　16 开　10.25 印张　150 000 字

2022 年 8 月第 1 版　2022 年 8 月北京第 1 次印刷

定价：32.00 元

ISBN 978-7-5223-1457-0

（图书出现印装问题，本社负责调换，电话：010-88190548）

本社质量投诉电话：010-88190744

打击盗版举报热线：010-88191661　QQ：2242791300

序　言

　　党的十九届五中全会指出，当今世界正经历百年未有之大变局，新一轮科技革命和产业变革深入发展，人们习以为常的全球化遭遇逆风，民粹主义、保护主义等思潮在全球范围内掀起"回头浪"，全球发展的不稳定不确定性明显增加。面对国内国际环境的复杂变化，党中央审时度势提出构建"双循环"发展格局，是事关全局的系统性深层次变革。从科技周期和经济规律"长镜头"出发，聚焦金融体系和资本市场，构建新发展格局需要深刻把握和思考以下问题：

　　第一，国际分工与合作格局面临重大调整，通过创新突破低增长困局是未来时代发展的主旋律。科技创新推动要素生产率持续提升，是驱动经济增长的"第一动力"。众多经济指标表明，上一轮科技革命的增长动力逐渐衰减，要素生产率即将达到顶部均衡点。需求侧或供给侧调控手段，只能做到局部性经济复苏，难以避免整体性衰退。科技创新成为经济发展的核心，科技自立自强成为国家发展的战略支撑。

　　第二，当前正处在新一轮科技革命导入期的探索阶段，最先形成新发展范式者将掌握先机。技术扩散理论将科技革命划分为导入期和拓展期，每个阶段可能持续30至40年。尽管人工智能、生命科学、太空探索等突破性成果不断涌现，但科技革命仍停留在多点突破阶段，集群式创新仍未来临。据此判断，当前科技革命还处在导入期的探索阶段，这种状态也许会持续10至20年。在这个阶段，产业组织模式的变化尚未触及本质，固有的社会经济范式仍起主导作用，率先建立促进"新技术＋新经济"耦合的新范式，将是发展的关键。

第三，创新资本兼具引领性、前瞻性和高波动性特征，亟须更加完善的金融监管体系保驾护航。历史规律表明，在科技、资本和实体经济循环发展的链条中，金融资本的嗅觉异常灵敏，发展也往往领先于产业，但是"忠诚度"也往往较低，在引领发展的同时，会产生混乱甚至暂时的衰退，处理好发展与稳定这个矛盾统一体，是发挥资本市场枢纽功能的核心要义所在。

中国特色社会主义市场经济历经40余载披荆斩棘，资本市场也经历了30年风雨，取得了从无到有的突破，从单一板块到多层次市场体系的发展。近年来，以注册制改革为龙头的一系列资本市场关键制度的创新，有力地支持了科技创新与实体经济的融合发展。与此同时，深交所积极把握发展契机，稳步推出一批先行先试改革举措，向着"优质创新资本中心和世界一流交易所"的目标不断奋进。但需要看到的是，资本市场的基础性制度仍不够健全，仍然存在较多的体制机制障碍。充分发挥资本市场枢纽功能，促进科技、资本与实体经济高水平循环，是当前及今后一段时期的工作核心。

一是坚定不移地推进市场化进程，推动提升直接融资比重。新一轮科技革命的广度和深度前所未有，对创新风险的市场化分担机制提出了更高要求。间接金融的低风险低收益本质，难以匹配高风险高收益的创新活动；间接金融的很多创新举措，实质是将风险转移或传导至直接金融市场，以实现风险共担、利益共享。针对我国直接融资占比不足30%的现状，要紧紧抓住注册制改革这个"牛鼻子"，持续健全多层次资本市场体系，集各方合力发展壮大直接金融市场。

二是加强投资端制度建设，打造有利于吸引中长期资金的市场环境。长期资金占比是影响资本市场稳定的重要因素，也是决定直接融资比重高低的核心变量之一。面对长期化投资产品和投资理念发展不充分、稳定而优秀的投资机构发展不充分等问题，要增加产品供给和制度供给，加快构建长期资金"愿意来、留得住"的市场环境。

三是优化金融监管理念，打造更加友好的创新支持市场生态。监管政策无法完全走在创新实践之前，但前瞻性的监管理念、内在协调的制度体系可以有效引领创新发展。注册制改革虽已顺利推出，但是相应的配套制度仍不完善，现有的监管体系表现出较多的不适应，要在市场准入和退出制度、日常监管体系等方面有系统性的突破和改进。

资本市场的改革"牵一发而动全身"。对于如何疏通多层次市场体系的堵点、连接断点，如何围绕产业链、供应链、创新链布局产品线，如何实现监管制度的自我革新和全面突破等问题，必须坚持系统观念，加强前瞻性思考、全局性谋划。这就要求全面深入的调查研究必须走在前面。

深交所研究所成立于1997年，是资本市场体系内的高层次研究机构。20多年来，研究所始终以重大性、基础性、前瞻性课题研究为导向，持续跟踪、深入探索资本市场发展改革相关问题，形成了一批影响深远的研究成果，诸多政策建议已被应用于改革实践中。值此深交所成立30周年之际，我们将多年来的研究成果集中展现、结集出版，以便向监管机构、研究人员提供新的素材和研究视角，向广大市场参与者传递正确的金融历史观和投资价值观。

本丛书内容丰富，涉及交易所发展趋势、资本形成、产品战略、监管实践等多个领域。既有对重大改革措施的历史回顾，也有对亟待突破领域的前沿探索；既有对经济金融理论的有益拓展，也有对市场建设实践的总结提炼；继承与创新并存，兼具理论价值与现实意义。希望本丛书能够吸引更多有志之士共同关注和参与资本市场改革发展事业，将论文呈献给祖国，把成果融入事业，合力探索适应中国国情的金融、科技与产业良性互动融合发展之路。

深圳证券交易所总经理　沙雁

2022年6月

前　言

　　资本形成通常指一个国家或地区如何筹集足够的、可实现经济起飞和现代化的资本，是反映固定资产净投资规模的重要指标。资本广义上包括金融资本、实物资本和人力资本。考虑到当今经济市场已经高度货币化，金融资本很大程度上代表了对实物资本的购买力，并且本书主要从资本市场和交易所视角开展研究，因此本书中的"资本"主要指"金融资本"。

　　本书认为，资本形成主要受三个要素影响：一是有充足可用的储蓄资源，二是有足够的投资需求，三是储蓄向投资转化的多元化渠道。这三者相互作用，影响资本形成效率。有效资本形成，是指将有限金融资源配置给好的企业、行业，从而推动资源配置不断接近生产可能性边界，创造最大产出。当前，有效资本形成的重要任务，是促进创新资本形成。创新资本是指流入创新创业领域的金融资本。创新资本形成是指引导金融资本流入创新创业领域，支持创新创业企业和新兴产业的发展。创新资本形成中心是指在引导资本流入创新创业中发挥枢纽作用的金融机构、金融市场或金融中心城市。创新资本的形成，需要以产业生态、资本文化、金融基础设施为生态基础。创新资本形成中心既要有"聚集"功能，更要有"引导"功能，尤其是要引导金融机构和金融资本服务成长企业和新兴产业前沿领域，并覆盖传统金融服务中的难点、冷点和盲点。充分发挥创新资本形成中心对于科技变革的支持作用，对于加快形成以国内大循环为主体、国内国际双循环相互促进的新发展格局十分重要。通过创新资本与新兴技术的深度融合，不断提升自主创新能力，从根本上破解制约"双循环"要素流通的障碍。

交易所具备发展成为创新资本形成中心的有利条件，一是因为其作为核心金融基础设施的特殊地位，二是因为其对投融资制度规则和资本文化的重要影响力，三是因为其支持创新创业资源相互对接的产品和服务体系。要成为创新资本形成中心，交易所一要建立包容性强、流动性好的股票市场，二要推出吸引多样化投资者和长期资金入市的固定收益产品、基金产品以及风险对冲产品体系，三要建设覆盖面广、规范性强的私募融资（信息）平台，提高私募市场组织性和流动性，树立私募投融资行为规范，四要积极参与建设技术市场，力争手握技术、金融双引擎。深交所身处粤港澳大湾区这一优越的经济腹地，当前已建立起覆盖面较广、辐射力较强的多层次市场体系和服务体系，形成重科技、重创新、重成长的市场定位和资本文化；创业板已初步形成差异化的投资者基础，已具备建设创新资本形成中心的较好基础条件。

将交易所建成创新资本形成中心，对粤港澳大湾区发展为国际一流湾区具有重要意义。习近平总书记指出，要抓住建设粤港澳大湾区重大机遇，携手港澳加快推进相关工作，打造国际一流湾区和世界级城市群。一流湾区需要一流资本形成模式和效率。只有通过市场化资本形成模式，不断拓宽资本形成渠道，提高资本形成效率，才能加速科技创新向现实生产力的转化，形成新的增长点。对比纽约、旧金山、东京、粤港澳四大湾区的资本形成历史、特点和机制，纽约、旧金山、东京三大湾区有各自的优势和定位，纽约湾区具有强大的金融资源配置能力，旧金山湾区的特点是具备完善的创新资本生态体系，东京湾区具有发达的产业体系，粤港澳大湾区从经济规模、对外开放程度以及地理位置条件来看，都具备打造成世界级湾区的优势条件，但资本形成模式仍需完善，资本形成渠道多样化程度稍显不足，创新资本形成效率有待提升。在四大湾区发展过程中，交易所汇聚海量金融和企业资源，为湾区发展筹集大量资金，极大地推动了区域社会进步，对湾区整体崛起起到了十分重要的作用。当前，新一轮科技革命和产业变革与我国加快转变经济发展方式形成历史性交汇，提高创新资本形成能力是抢占新一轮制高点的关键，粤港澳大湾区应当加大对金融创新和跨境金融合作的支持力度，提高深交所市场包容度，构建资本形成的良性机制。

促进创新资本形成与提高直接融资比重息息相关。原始创新和颠覆性技术创新需要大量、持续的研发投入，而直接融资尤其是股权融资对风险的包容度较高，能够为技术革命和新兴产业发展提供融资便利。从境外经验看，直接融资比重越高，通常越有利于产生革命性技术创新；而机构投资者的壮大、非银行金融机构的成长、政府对金融改革的推动以及监管和法律体系的有效调整，对直接融资的发展壮大起到了积极作用。当然，直接融资比重也并非越高越好，应与实体经济发展阶段和产业结构特征相适应。从我国经济金融发展历程来看，融资结构在适应产业结构升级的过程中不断动态演进，其中，直接融资比重逐步提升，发挥了激励创新创业、规范公司运作、促进并购重组、推动科技进步、加快转型升级、降低宏观杠杆率以及防范系统性金融风险等重要作用。但我国当前仍以间接融资为主，直接融资从体量到结构都难以满足经济高质量发展需求，股权融资发展尤其不足。根据最优金融结构理论，初步建立回归模型，对匹配我国实体经济融资需求的直接融资结构进行初步量化分析，可发现相较于模型拟合所得的直接融资结构，我国实际直接融资市场结构存在较大差距，主要体现在股票融资占金融市场比重较低，股票融资水平不高。当前，我国正在从"引进—消化—再重新"型技术创新向"自主创新和（准）前沿"型技术创新迈进，"提高直接融资比重"作为一项战略性任务在不同的场合被反复提及，下一步需大力探索形成更好地适应当前阶段和发展战略的新型金融体系，持续提高股票融资比例，大力发展直接融资市场，打造具有国际影响力的全球直接融资中心，以有效支持创新驱动发展。

作者

2022年6月

目　录

第一章　创新资本形成与最优直接融资结构的理论基础 …………（1）
　　第一节　创新资本形成相关理论 …………………………………（1）
　　第二节　创新资本形成中心的定义及功能特点 …………………（6）
　　第三节　创新资本形成、金融供给侧结构与经济发展 …………（10）

第二章　创新资本中心建设的生态基础与条件 ……………………（13）
　　第一节　创新资本形成的生态基础 ………………………………（13）
　　第二节　创新资本形成生态中交易所的作用 ……………………（22）
　　第三节　创新资本中心建设的演化机制和业务基础 ……………（27）

第三章　创新资本赋能粤港澳大湾区建设 …………………………（39）
　　第一节　创新资本形成与世界四大湾区的发展历程 ……………（40）
　　第二节　资本形成机制：世界四大湾区比较研究 ………………（62）
　　第三节　资本形成的有效性：粤港澳大湾区创新资本形成效率
　　　　　　有待提升 ……………………………………………………（79）
　　第四节　创新资本助推粤港澳大湾区建设 ………………………（85）

第四章　创新资本形成、直接融资结构和我国创新驱动战略 ………（90）
　　第一节　创新资本形成与直接融资结构：来自境外成熟市场
　　　　　　的经验 ………………………………………………………（91）

第二节 资本形成助力高质量发展：我国直接融资体系的
　　　　历史变迁 ……………………………………………（108）
第三节 创新资本形成所需的直接融资结构探析 ……………（124）
第四节 创新驱动战略下我国直接融资体系的短板分析 ……（133）
第五节 创新资本形成效率提升的启示和建议 ………………（141）

结语 ………………………………………………………………（145）

参考文献 …………………………………………………………（147）

后记 ………………………………………………………………（152）

第一章

创新资本形成与最优直接融资结构的理论基础

科技创新和产业革命始于技术，成于资本。强大的资本形成能力不仅能促进物质资本积累，而且有利于促进技术创新，从而推动经济发展。当前，全球迎来新一轮科技革命和产业变革，有效资本形成的重要任务是促进创新资本形成，引导资本流入创新创业领域，支持创新创业企业和新兴产业的发展。从历史和国际的视角看，促进创新资本形成与提高直接融资比重息息相关。创新具有不确定性强、高交易成本和难定价等特性，直接融资所特有的风险共担、利益共享机制对风险的包容度较高，能够为技术革命和新兴产业发展提供融资便利。从中长期视角看，发展战略新兴产业意味着科技与资本的深度结合，需要加速建设市场主导型的金融体系，充分发挥资本市场在金融资源配置中的主导作用。

第一节 创新资本形成相关理论

资本形成、有效资本形成与创新资本形成三个概念总体上是递进关系，体现了实体经济在不同发展阶段对金融资源配置的不同要求。资本形成指一个国家或地区如何筹集足够的、实现经济起飞和现代化的资本；有效资本形成是指将有限金融资源配置给好的企业、行业及区域，从而创造最大产出；创新资本形成是指引导金融资本流入创新创业领域，以促进创新经济发展。

一、资本形成的概念及机制

资本不等同于货币。货币是一种用于交换的有固定价值的特殊商品，而资本是一种能够带来价值增值的货币，它不但要求资本化的生产要素保存和补偿原有预付价值，还要求流通、生产、再生产等经济活动能够带来价值增值。资本形成（Capital Formation）通常指一个经济落后的国家或地区如何筹集足够的、实现经济起飞和现代化的资本，是发展经济学的经典研究领域。其中，资本广义上包括金融资本（Financial Capital）、实物资本[①]（Physical Capital）和人力资本（Human Capital），狭义上是指实物资本。考虑到当今经济已经高度货币化，金融资本很大程度上代表了对实物资本的购买力，本书主要是从交易所视角开展研究，因此本书的"资本"是指"金融资本"。

英国经济学家哈罗德提出，资本形成是储蓄或投资的集合，提高储蓄率或投资率就能加快资本形成。美国经济学家库兹涅茨指出[②]，储蓄本身不能直接转化为资本，只有先将储蓄有效转化为投资，才能给经济增长提供资本支持。资本形成的实质是将储蓄转化为投资、投资作用于生产的过程，储蓄和投资是资本形成的重要影响因素，而资本形成对经济增长又有

[①] 指实物形态的机器、工具设备、厂房、建筑物、交通工具与设施等长期耐用的生产资料，包括固定资产和生产所必需的存货。

[②] 毕秀水. 我国经济有效增长研究——基于自然资本库兹涅茨曲线的经济学分析[J]. 东北师大学报（哲学社会科学版），2005（3）：69-73.

极为重要的推动作用①。

可以说，资本形成来源于储蓄，完成于储蓄转化为投资的过程中。因此，资本形成有三个支柱：一是充足、可用的储蓄资源；二是有足够的投资需求，比如不断升级的产业基础；三是有储蓄向投资转化的多元化渠道和模式。相互作用、相互影响，并使资本形成的供需得以顺利转化，这就是资本形成机制。

具体从三个支柱的可量化的指标来看，衡量的核心指标包括：人均 GDP、人均储蓄（衡量储蓄基础），经济增长率（衡量投资需求），资本边际效率（衡量转化效率）等。辅助指标则是对资本形成三个核心指标的进一步考察和分析，涉及地区的经济发展情况、生态环境、产业基础、资本形成的渠道、模式、成本、制度安排等方方面面情况，相应地，包括人口、总 GDP、固定资产投资、银行信贷、外资利用情况、上市公司市值、政府支出占比、融资成本比较等多个指标，如图 1-1 所示。

二、有效资本形成的概念及机制

有效资本形成是资源配置向生产可能性边界不断逼近的过程，即将有

---

① 无论是经济增长理论和资本形成理论还是国内外实证研究都认为资本形成是经济增长的重要影响因素，对经济增长有重要作用。经济增长理论中的古典经济增长理论、新古典增长理论、新经济增长理论等，对经济增长的动力来源进行研究，大多认为资本形成是影响经济增长的重要因素。如古典经济增长理论的代表亚当·斯密，侧重分析了经济增长的决定因素。他在《国民财富的性质和原因分析》中提出，资本积累通过两条途径影响经济增长：一是提高生产性劳动者占全部劳动者的比例，从而促使每一产业的产量增加；二是促进分工和技术进步，进而促进经济增长。他认为无论是机器的引进还是生产性劳动的增多都需要大量的资本投资，资本积累成为决定财富生产的关键因素。大卫·李嘉图认为，推动经济增长的最重要原因是资本家将净收入中的剩余部分追加投入生产中所形成的资本积累。阿林·杨格强调生产率和劳动分工的关系，劳动分工的演进应该是推动经济增长的基础。资本形成理论从古典经济学理论演变至发展经济学理论，考察了不同国家或地区的资本形成对经济增长的影响。如早期的发展经济学理论，资本积累被看作经济发展的决定性要素，发展中国家或地区落后的原因就在于资本规模的不理想。因此，这些国家或地区加快经济增长的途径必定是调动所有可能的资源，扩大资本形成规模，这种强调资本决定性作用的观点被称为"唯资本论"。到了近代，发展经济学家开始关注发展中国家或地区的现实情况，资本的决定性作用被修正，但始终强调资本形成的提高、储蓄转化为投资的比例保持在一定水平，是经济高速发展的前提和基础。

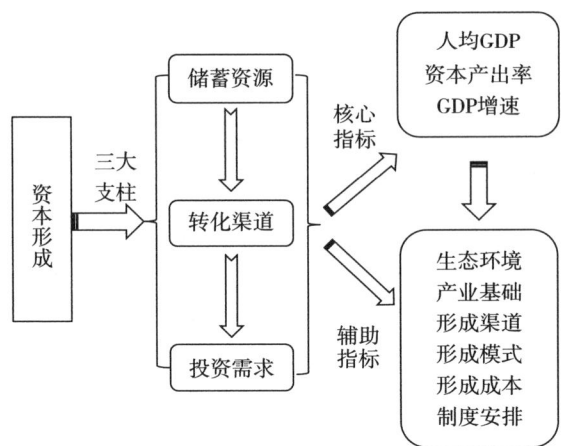

图 1-1 资本形成分析框架

限的社会金融资源配置给效益最好的企业、行业及区域，创造最大的产出，实现社会福利最大化。资本的有效形成是决定欠发达地区能否成功的关键[①]。要促进资本的有效形成，要做好以下几个方面工作：一是要保证资本要素的流动性，通常资本流动性越强，供给结构越有弹性，资本配置效率越高；二是要能实现金融资本、实物资本和人力资本在生产过程中的补偿性以及替代性；三是资本配置要能与技术创新、制度创新相结合；四是要不断完善多层次、多渠道、市场化的资本形成机制。资本形成效率是

---

① 发展经济学曾界定了"资本形成"的内涵外延，更反复强调了资本积累对地区经济增长率的重要性。(1) 纳克斯的"贫困恶性循环"理论认为，欠发达国家长期以来经济落后的本质原因就是资本形成的欠缺，并从供给和需求两方面具体说明资本不足如何导致低收入、低产出，进而从反面论述了资本形成对经济的重要作用。(2) 罗斯托的起飞理论说明，一国经济顺利实现起飞的首要条件就是资本形成率（生产性投资与国民收入的比率）必须达到10%以上。(3) 纳克斯将资本形成不足视为发展中国家或地区"贫困的恶性循环"的根源，而打破这一循环的关键就在于促进资本形成，即增加投资引诱。(4) 罗丹的"资本推进"理论提出，欠发达国家经济要快速增长，摆脱经济劣势，必须工业化，而资本形成是工业化的前提和必备基础。因此，要在这些国家中大范围地推行投资，大幅增加资本形成规模，拉动不同工业部门对资本的需求量。(5) 莱宾斯坦的"最小临界付出"理论提出，若想破除低收入与经济落后的恶性循环，需要在经济初级阶段实行大幅提高投资规模，保证投资率在一定临界值以上，增加人均国民收入。(6) 刘易斯的"二元经济发展模型"，将发展中国家的经济分为传统部门和现代部门，分别承担进行维持基本生活的生产，以及通过再生产获取资本利润。该模型强调资本积累在劳动力转移和工业扩张中发挥重要作用。刘易斯还提出储蓄率的界定标准，认为发展中国家资本形成提升的标志是，国民储蓄率由一般不到5%，提升到14%~15%，并保证提升提高资本使用效率的相应技术以及理论。

从总体上衡量资本有效形成水平的重要指标。资本形成效率是指储蓄以多大的成本、多快的速度在多大限度内转化为实质投资，其不仅涉及转化的量，而且与转化的质及转化的可持续性相关。区域范围内的资本形成效率是指该区域实现金融资源优化配置功能的程度，一来取决于该地区以相对较低的交易成本为资本需求者提供较多金融资源的能力，二来取决于该地区的资本需求者使用金融资源向社会提供有效产出的能力。

资本市场在有效资本形成中起着重要作用：一是丰富投融资渠道，为居民提供更多投资选择，为企业提供更多融资途径；二是通过市场流动性机制和较低的交易成本减少储蓄转化遗漏，提高储蓄—投资转化效率；三是具有信息生成和传播功能，以及有效的社会评价机制，有利于提高生产效率，促进技术创新。

三、创新资本形成及资本市场的作用

当前，有效资本形成的重要任务之一，是引导资本向创新聚集，促进创新经济发展。本书将"创新资本"定义为"流入创新创业领域的金融资本"，"创新资本形成"则是指引导金融资本流入创新创业领域，支持创新创业企业和新兴产业的发展。

本书对创新资本的定义是从"结果"倒推进行的定义。事先判断哪些资本属于创新资本、哪些资本不属于创新资本较为困难，例如银行贷款也会流入创新创业企业和新兴产业，传统产业上市公司获得的募集资金也会用于技术研发和技术改造，无法将它们简单排除。在流入创新创业领域的各种金融资本中，事先判断哪类资本更重要、哪类资本相对不重要其实也不妥当。实践和理论都表明，创新创业企业在不同成长阶段需要的金融资本和金融服务不同，股债资本、长短期资本都有被需要的时候，创新的价值体现在全流程中，创新的风险在全体系中被分散，哪个机构都不能独揽全局，而要相互协同、做好接力。

但总体上讲，从资金性质的角度，股权资本和中长期债权资本是创新

资本的内核。由于创新创业企业和新兴产业的未来收益较成熟企业或传统产业有更多的不确定性且难以直接定价，而股权资本较债权资本、夹层资本具有更强的风险缓释能力，并且其剩余索取权是一种较高效的间接定价机制（毛道维、毛有佳，2015），因此创新创业企业更切合股权融资。此外，中长期债权融资的还款压力分布较合理，与创新创业企业成长周期较匹配，进行中长期债权融资既有利于减少创新创业企业的股权稀释，保持公司控制权集中稳定，也有利于通过财务杠杆提高股东回报，因此中长期债权资本也是创新资本的内核。

资本市场是重要的创新资本形成平台。一是包容性强，流动性好。资本市场通过高包容度的分散决策、风险分担制度机制，孵化培育创新企业，促进创新企业优胜劣汰；通过良好的价格发现功能和流动性机制，市场化评价和变现创新企业、创新资本的价值，为创新资本循环提供稳定、高效的平台。二是融资产品和服务链条完善。资本市场通过多样化的融资工具、金融产品和功能齐备的风险对冲工具，引导多元资金和长期资金流入，匹配创新企业全生命周期融资需求。通过 IPO、增发、并购、发行债券等多样化融资方式，便利创新创业企业灵活融资。通过规范性强、示范效应好的私募融资平台，与交易所共同对创新企业形成全链条的连续性资金支持。

第二节　创新资本形成中心的定义及功能特点

本书将创新资本形成中心定义为"在引导资本流入创新创业中发挥枢纽作用的金融机构、金融市场或金融中心城市"。创新资本形成中心与传统意义上的金融中心既有相似之处，也有重要的不同。

传统意义上的金融中心往往以某一中心城市为基础，从重要性角度，可分为国际金融中心、国家金融中心、区域金融中心等；也可从功能性角度，将不同金融中心归类为位于大规模资本输出国的传统金融中心、用于国际资本流动的金融中心以及为非居民服务的离岸市场，等等。无论如何归类，传统意义的金融中心的核心特征是"聚集"，包括金融资本、金融机构和多样化金融服务的聚集。例如，一个国际金融中心的重要性主要取决于它的金融资本容量，以及其机构和市场容纳这些资本时的运作方式。这可以通过其所在国的资本输出、资本市场的发展程度、主要金融机构的规模、外资银行的数量、所在国国内银行在国外开设分支机构的数量、市场主要参与者所建立的正式或者非正式的关系网络的广度和深度等来衡量。当然，一个更直观的度量是这个中心所提供的服务种类的多少，例如在银行和资本市场之外，是否还有商品市场、保险公司、信托公司、租赁公司、财务公司、专业服务机构等，服务的多样性和金融中心的重要程度是正相关的（尤瑟夫·凯西斯，2011）。

创新资本形成中心既强调"聚集"，更强调"引导"。既然创新资本总体上是一个"事后"的概念，创新资本形成中心就不能只是聚集一批金融机构和金融资本，更重要的是引导它们全面流入创新创业领域，尤其是服务创新创业企业中的成长早期企业和新兴产业的前沿领域，覆盖金融服务的难点、冷点和盲点领域，而不是竞争热点领域。鉴于此，一个金融机构、金融市场或金融中心城市成为创新资本形成中心的重要标志，是能显著影响创新资本形成的过程、规模和流向。在聚集和引导两项功能中，中心城市聚集金融资本和服务的能力显然强于单一的金融机构（市场），但由于金融机构（市场）具备更强的专业性和灵活性，在引导资本流向方面有相对优势，因此后者却可能凭借较小的自身业务规模成为创新资本形成中心，硅谷银行就是较典型的例子。当然，从结果角度来说，创新资本形成中心必须成功培育出一批优质的创新创业企业，确实达到支持创新创业的效果，这是最根本的检验标准。

参考资料

硅谷银行"We connect the innovation ecosystem"

硅谷银行提出了类似于"创新资本形成中心"的宣传口号，英文原文为"Silicon Valley Bank is central to the ecosystem of investors, service providers and influencers that support growth among disruptive technology and life science businesses",大意为"硅谷银行处于创新生态系统的中心位置,这一生态系统由支持突破性创新和生命科学领域的投资者、服务机构和有影响力者构成"。

2018年第三季度,硅谷银行总贷款270亿美元,总资产580亿美元,是全美第十九大银行,单从业务规模来讲,不可能是传统意义上的金融中心。但硅谷银行长期深耕VC/PE群体和创新创业"圈子",创新创业企业可以经由硅谷银行的引荐,获得所需的各类资金和资源,包括天使投资、VC/PE、企业风投(corporate venturing)、专业服务、政府服务甚至潜在的企业合伙人和管理团队等,换言之,硅谷银行是创新创业企业和整个创新生态系统之间的"桥梁",即"We connect the innovation ecosystem",正是在此意义上,硅谷银行敢于宣称自己是"创新生态的中心"。

实地调研和座谈发现,硅谷银行之所以能实现上述定位,并不是因为有特殊的产品或政策,而是因为长期深耕、深入了解VC/PE群体和创新创业"圈子"。硅谷银行集团在美国的业务分为5大块:(1)商业银行业务。3大客户群分别为广义科技(IT软硬件等)、生命医学、资源能源(新能源、农业科技、食品饮料等),全美获得VC投资的企业中有50%是其客户,其中1/3为风险贷款客户;(2)基金管理,即svb资本。当前管理60亿美金,所有LP都来自市场,硅谷银行并不出资;(3)私人银行与财富管理。目标客户包括VC投资人、创业成功人士等,在企业上市两年前就会开始为企业家提供财富管理方案;(4)VC/PE基金托管。广泛提供过桥贷款是其业务特点。其托管的基金在获得LP出资承诺后,可申请过桥贷款(即流动资金贷款,通常是信用额度项下的,基金可先使用贷款资金投入项目,不错过投资时机,LP出资到位后马上归还贷款),约35%的客户能获得过桥贷款,利率约5%~7%;(5)全球事业部,目前只有10个人。基于上述业务架构,硅谷银行集团的贷款规模分布大约是:A、B轮企业客户贷款占6%,VC/PE的过桥贷款占46%,其余为C轮及以后企业客户的贷款，其中早期企业贷款不良率约为4%。

与工商银行等单位讨论后认为，硅谷银行集团的全部业务，我国银行也都有开展，甚至形式更加多样，但硅谷银行集团深耕客户、深度开发客户的能力确实领先一步。例如投贷联动业务，硅谷银行集团内部"投"和"贷"是完全分离的，svb资本只对市场化LP负责，贷款团队只对贷款组合负责，由于法律禁止，彼此拥有的企业信息不能制度化共享，业务收益更是分开计算。"投"和"贷"的联系，在内部来看就是客户介绍，是形式较简单的投贷联动。在投贷收益不合并计算的情况下，硅谷银行敢于大量做A、B轮企业贷款的重要原因在于，深耕VC/PE圈子能获知申请贷款企业是处于领投VC的组合中的前20%企业（一般给予贷款），或是后30%的企业（一般不贷款），还是中间50%的企业（要深入研究）。而由于贷款业务对优质A、B轮企业的覆盖率高，能给svb资本介绍更多的客户，svb资本在独立运作的情况下，其客户和贷款客户还是有较高重叠，从最终数据来看实现了较大范围的投贷联动。

再如过桥贷款业务，国内银行也都有，但不敢大规模开展，因为一旦还款不及时，就可能发展成为套取银行贷款用于股权投资的贷款用途违规事件。而硅谷银行同样因为深耕VC/PE领域多年，对哪些GP确有动员能力、哪些LP确有出资能力，尤其是非传统LP（如个人、家族办公室等）的出资能力，有较深刻的认识，因此能大规模实施过桥贷款。

硅谷银行既深耕客户，也跟随客户不断成长，例如，随着硅谷创业成功及投资成功人群的增多，硅谷银行近年开发了酒庄投资业务，实现了对客户的绑定。而且随着多年业务的不断积累，硅谷银行集团已拥有4万余家未上市公司的财务、融资和运营数据，已逐步向业界发布研究报告，这一大数据优势如何表现在各项业务上，也值得期待。

第三节　创新资本形成、金融供给侧结构与经济发展

促进创新资本形成与提高直接融资比重、优化金融供给侧结构息息相关。金融供给侧结构指的是金融系统中，不同金融制度安排的比例和相对构成，包括现存金融工具、金融机构的占比和集中程度（Goldsmith，1969）。直接融资和间接融资制度特性不同，在动员储蓄、配置资金和分散风险等方面的机理和机制不同，在提供不同规模、不同融资成本、不同融资偏好的资金方面，具有不同的比较优势，各自适用于不同的经济发展阶段和产业结构。原始创新和颠覆性技术创新需要大量、持续的研发投入，而直接融资尤其是股权融资对风险的包容度较高，有助于加快创新资本形成，促进科技、资本和产业的紧密融合。几十年来，有大量的文献就直接融资与间接融资在金融体系中的相对重要性展开讨论，并就金融结构对经济发展的影响进行评估。

间接融资的支持者认为，银行具有天生的谨慎倾向性，在信息搜集、对借款者进行筛选和监督方面具有优势（Rajan 和 Zingales，1999）。Gerschenkron（1962）作为金融结构领域研究的先驱，这些支持者们认为银行在经济发展的早期阶段融资功能要优于资本市场。即使在会计制度和法律体系尚未完善的情况下，强有力的银行体系能够通过要求企业投入项目资产或其他自有资产作为抵押品，披露企业信息。当企业无法按期还款时，银行有权对抵押品实施清算，甚至要求企业破产以清偿债务，促使企业履行偿债义务。银行体系能够实施更有效的资金监督，以应对信息不对称带来的逆向选择与道德风险，适合低风险和现金流稳定的产业（Aghion 和 Bolton，1992；Bolton 和 Freixas，2000；Benmelech，2009）。银行能够为企业提供更可靠的长期资金承诺，并且能够更有效地监督公司管理者，强化外部约束的作用。此外，Aoki 和 Patrick（1994）研究发现，银行信贷融资对于处于发展初期企业的治理水平有良好的促进作用。

直接融资的支持者认为，伴随着经济的发展，企业对直接融资的需求将不断上升（Boyd 和 Smith，1998；Allen 和 Gale，2000）。流动性充足的直接融资市场更有利于投资者分散风险。当经济发展到需要通过创新来推动增长时，直接融资在推动企业成长和促进企业进行研发投入时更为有效。由于技术研发和产品创新具有较高风险，短期内投资的现金流回报并不稳定，直接融资尤其是股票市场将发挥更为关键的作用（Beck 等，2000）。银行体系更偏向于为安全性高的项目提供贷款，间接融资占比更高的金融结构不利于企业从事高风险、高回报的创新性研发工作（Rajan，1992）。尤其是当强有力的银行体系与公司管理者关系过于密切时，可能相互勾结从而不利于有效竞争，妨碍公司治理的有效性。相反，直接融资市场能够集合投资者对于新技术的不同观点，形成市场对创新前景的综合判断，使得拥有新技术或创新项目的企业更方便有效地获得资金（Allen 和 Gale，1999）。同时，资本市场能够向投资者提供多样化的风险管理工具，实现对投资风险的有效管控（Morck，1999；Weinstein，1998）。

但也有研究认为，金融系统结构并不是决定经济发展水平的最重要的因素。当跨境资本流动被特定的国家风险所阻碍时，影响企业发展和资源有效分配的关键要素是金融服务的有效性和融资渠道的丰富性，而并不是银行和市场的相对比例。与金融结构相比，金融体系的深度与经济发展的相关性更高。Beck 等（2001）研究发现，无论一个国家的金融结构是以银行为主导还是以市场为主导，经济增长速度、行业扩张速度、新公司成立的难易程度、企业外部融资的便利程度并没有呈现出明显差异，而经济体中金融领域的整体发展水平却更能够解释不同国家在经济表现上的差异。还有观点认为，金融结构是以银行为主导还是以市场为主导并不能决定经济增长表现，而金融法律制度的发展对于经济增长的影响更显著（La Porta 等，2000；Stulz，2001）。与大陆法系相比，英美法系国家更加注重对小股东权益的保护，有更为良好的会计制度，金融结构更倾向于成为市场主导型金融体系。完善的金融法律体系能够增加投资者信心，增强投资者投身金融市场的动力，从而为企业发展提供所需外部融资，促进经济良好发展。

近年来，以林毅夫为代表的新结构经济学家在国内外经济学界的影响力不断上升。从新结构经济学的视角得出的最优金融结构理论认为，处于不同经济发展阶段的国家具有不同的要素禀赋结构，在自然资源、劳动力资源和物质资本等方面的比较优势各异，要素禀赋的不同内生决定了不同的最优产业结构。金融体系的核心职能在于动员资金和配置资源。不同产业中的企业具有不同的规模、风险特征和融资需求，因此对于金融服务的需求也各不相同。只有金融服务供给结构中的各种制度安排能够匹配国民经济中不同产业的需求，才能将被动员的资金进行最优配置，获得最高的回报和最小的风险，并创造最大的剩余价值，这样的金融结构才能被称为最优金融结构（林毅夫，2004；林毅夫等，2009；林毅夫和龚强，2014）。总体而言，实体经济结构特征的变化是导致金融结构变化的根本性原因。理解金融结构及其变迁的内生性，是分析金融结构与经济发展之间关联的基础与关键。

第二章

创新资本中心建设的生态基础与条件

当今世界正处于百年未有之大变局,第四次工业革命的浪潮推动智能化、信息化产业大规模快速发展,我国正处于实现中华民族伟大复兴"中国梦"的关键时期。习近平总书记指出,中国要强盛、要复兴,就一定要大力发展科学技术,努力成为世界主要科学中心和创新高地。创新是引领发展的第一动力,是建设现代化经济体系的战略支撑,我们比历史上任何时期都更需要建设世界科技强国。构建"双循环"新发展格局必须打好关键核心技术攻坚战,才能建立不受制于人的产业供应链,畅通国内大循环。科技创新始于技术,成于资本。资本作为一种有效的生产组织方式,能够推动各种生产要素形成最优配置和组合,促进技术进步。只有形成了比较完备的资本投资机制以及相配套的中介服务体系,才有可能加速科技成果向现实生产力的转化,推动科技创新创业企业从无到有、从小到大,进而增强整个经济的活力,形成新的经济增长点。

第一节 创新资本形成的生态基础

要引导资本流入创新创业,必须有良好的"产业生态+资本文化+金融基础设施",其中产业生态是实体经济的基础,能够提高创新的成功率;资本文化促进资本和其他创新要素相互理解、合作共赢,为不确定条件下的创新定价提供友好环境；金融基础设施进一步优化资本流入创新创业的成本、收益及风险，推动更大规模、更多类型的金融资本流入创新创业企业。产业生态、资本文化、金融基础设施三者相互关联、相互促进，共同构成了创新资本形成的生态基础。

一、产业生态

实体经济是金融兴盛之基和发展之本。只有创新能持续地、大面积地在商业上取得成功，资本才会源源不断地流入创新企业，从而发展出稳定高效的创新资本形成体系，进而形成创新资本中心。而创新要持续地、大面积地在商业上取得成功，需要一个良好的产业生态的支持，就如同鲜花在荒漠中难以盛开，但在雨林中却能开得繁花似锦。当然，资本因素本身也是产业生态的重要组成部分，将在下文"资本文化"部分详述。

从国际经验和历史经验来看，稳定、高效、可持续发展的产业生态并不多见。不少地区都曾因某一产业的兴起而成为新兴产业中心，例如汽车业之于底特律、航空工业之于休斯敦、太阳能电池之于无锡等。但随着主导产业发展陷入低谷，这些地区也随之失去创新领军的地位。能在产业结构上不断更新换代、始终站在"风口"的国家和地区实属凤毛麟角，从全球来看仅有美国硅谷、以色列等，国内仅包括深圳、北京中关村等。我们需要了解好的产业生态得以形成的深层原因，基于此来厘清资本在其中应有的角色和作用。

以往常常综合两套理论来解释好的产业生态的形成，一是市场经济理论，二是产业集群理论，即认为只要汇集了人才、资金和产业配套，再加上政府和公共机构不过多干预市场运行，好的产业生态就会自发形成，新兴产业就会崛起并持续更新换代。但这一解释并不全面，例如芝加哥是重要的全球金融中心、聚集大量资金，有芝加哥大学、西北大学等名校及大批科技人才，有摩托罗拉、阿尔卡特—朗讯、波音等著名公司，也提出了将芝加哥打造成美国中西部领先的创新中心的愿景（号称"硅原"，和

"硅谷"相对应），但时至今日，芝加哥在促进创新并形成新的经济发展点上，仍落后于硅谷。

近期研究从交易成本经济学出发，越来越重视产业生态中的社会规范这一"软因素"，即良好的产业生态，既是经济金融的，也是社会文化的。创新需要通过合作才能完成——不管是公司内部的合作还是公司之间的合作[①]。但创新过程涉及科学发现、商业智慧、投资资金以及第三方服务、政府服务等多种要素投入，各个投入主体的偏好和利益诉求不同，创新的商业前景又不确定，知识产权、初创企业股权等交易标的也缺乏统一定价标准，要把这么多要素捏合在一起，这一过程的波波折折之多、交易成本[②]之大可想而知。因此良好的产业生态必须是开放的信任网络，有共同的商业伦理和行为规范，能将创新过程中的交易成本最小化，促进创新取得普遍成功。

共同的商业伦理和行为规范之所以能节约创新过程交易成本，一是因为彼此关系更密切、沟通简洁，无须对交易条款进行复杂的谈判，彼此之间的信任充当了一种非正式的合约；二是因为有利于形成共同的价值观，例如彼此都有"超理性动力"（extra-rational motivations），都看重探索新奇的事物带来的激情和快乐，可能改变社会、为下一代留下遗产的成就感，在团队中工作、建立新的信任关系、拥有共同目标带来的愉悦之情，等等。人性天然是有限理性和机会主义的，在不少情形中还是风险厌恶的，但创新需要人们超越对短期利益的计较和对不确定性的恐惧，去共同创造并合理分配中长期收益，因此只有当社会规范的价值和超理性动机的价值合起来超过人类本能的机会主义和风险厌恶时，创新才会普遍兴起。

---

① 随着科技的日益复杂，合作的重要性更加突出，下一阶段的价值创造，无论是在科技、生物、纳米技术、半导体、市场还是制造业领域，都将是十分复杂的，没有任何一家公司或部门能够独自胜任（龙笑生，2017）。

② 交易成本（Transaction Costs）是指在一定的社会关系中，人们自愿交往、彼此合作、达成交易过程中支付的成本。科斯定理表明，在交易费用为零的情况下，不论权利如何进行初始配置，当事人之间的谈判都会导致资源配置的帕雷托最优；但在交易费用不为零的情况下，不同的权利配置界定会带来不同的资源配置效果。

> **参考资料**

硅谷的文化优势和企业创建创新文化的困难

硅谷当前面临贫富差距加大、商业成本居高不下、基础设施容量不足、社会治安不良等现实问题,但仍被公认为全球创新创业生态最良好的地区,其重要原因在于硅谷有着独一无二的创业文化。加州大学伯克利分校的 Ajay Bam 教授认为硅谷"more than a place, it's a culture"(译为:不仅仅是一个地方,更是一种文化的象征),社会欢迎人们选择创业,一名优秀的医学院学生放弃医生的职业生涯去创业在硅谷是常见现象。Ajay Bam 教授将硅谷独特的创业文化总结为 8 条:

(1) open communication,即开放式沟通,不仅体现在人际沟通上,也体现在开源代码等开放式的商业模式上。

(2) product centric,即以产品为中心,体现为工程师文化,工程师、产品经理、"技术大神"等拥有很高的社会地位。

(3) focus,原意为不追求多个产品,而是聚焦做出"现象级"的产品和服务,苹果手机是典型案例。延伸含义指进行性能优化、全球化等让产品"更进一步"的"+1"式创新,而不是对一项产品进行功能简化、外观美化、成本降低等"−1"式创新。

(4) dress down,原意为休闲着装,延伸含义指不从外表、族裔等外在因素评价他人。

(5) social network,即强调构建创业者之间的人际网络。硅谷有多个线上线下平台用于创业者之间的交流,每天有十几场活动,极大促进了创新创业文化的传播,较著名的线上平台为 startupnetwork.com。

(6) educational resources,指硅谷有斯坦福大学、加州大学伯克利分校、加州理工学院等全球顶级大学,延伸含义指硅谷有浓厚的校园文化。

(7) top universities are hot incubators,即硅谷的高校有浓厚的创业氛围,顶级大学自身就是顶级的孵化器。

（8）give back，即回馈社会，包括成立私人基金会支持研究，从事天使投资，积极向其他创业者、创业公司分享自己的创业经验、技术诀窍等。

从更微观的企业组织管理视角来说，加里·皮萨诺（哈佛商学院工商管理学 Harry E. Figgie Jr. 教席教授、教职人员发展高级副院长）指出了要建立包容失败、乐于实验、提供心理安全感、高度协作、淡化等级等创新文化，需要一系列精巧的平衡，包括：

（1）包容失败，但不容忍无能。包容失败需要员工有足够的胜任能力，谷歌善待员工的文化很出名，但要在谷歌获得职位的难度也显而易见，每年有200万名申请者竞争5000个职位。

（2）乐于实验，但要有严格的规范。如果没有规范，什么乱七八糟的东西都能说成是实验。注重规范的创新文化，会根据潜在学习价值慎重选择实验，并且精心设计实验，尽可能多地获取价值，提升实验性价比。

（3）组织内有心理安全感，让员工感到自己可以对问题畅所欲言，不必担心报复，但也直白得残酷。

（4）要合作，也要问责。个人责任可以促进团队合作，当员工要为自己的决策负责，不论好坏都要承担其结果，就会愿意听取反馈，争取获得组织内外各种人的帮助与合作。

（5）结构扁平，但扁平结构比层级组织更需要强大的领导力。

鉴于相互制衡的力量容易失衡引起混乱，创新文化可能不稳定，加里·皮萨诺建议领导者必须留意任何领域的"过度"迹象，必要时采取行动恢复平衡。对失败的容忍度如果过高，可能造成员工懈怠、寻找借口，而对无能太过严苛则会让员工不敢承担风险，两个极端都没有好处。

综上，自由市场和产业集群只是创新的必要条件，再加上社会规范、超理性动机、信任和低交易成本才能构成好的产业生态①。通过政策变革

---

① 关于社会规范对产业生态的论述参考了维克多·黄、格雷格·霍洛维茨的论述（2015）。

和政府推动有助于形成自由市场和产业集群,但共同的行为规范、价值观却需要经过一个对较强路径依赖性的认同过程才能建立,具有一定的偶然性,这是好的产业生态较为稀缺的重要原因。

二、资本文化

资本文化是指投融资相关方普遍认可和遵从的价值观和行为规范[①],其作用是提供投融资方向和模式的指引,协调各方行动,降低达成协议的成本,并在情况生变时推动各方友好协商,解决问题。

从历史来看,资本文化往往是社会主流价值观在投融资领域的体现。例如,对英、美银行体系发展历程的回顾表明,商业银行的资产往往集中投放到国家意志或社会主流价值观认定的最需要的领域。例如,英国银行体系在18—19世纪贯彻国家意志,为政府融资全力支持帝国扩张,最终成就了工业革命和大英帝国的辉煌。商业银行不是单纯的商业主体,而是社会主流价值观的助推器,承载着一般商业主体"利润最大化"目标之外

---

① 从社会功能的角度,人类由于共同生活的需要才创造出文化。文化的功能和作用包括:(1)整合。文化的整合功能是指文化可以协调群体成员的行动。社会群体中不同的成员都有其独特性,并基于自己的需要、根据对情景的判断和理解采取行动。共享的文化有利于群体成员消除隔阂、有效沟通、达成共识、促成合作。(2)导向。文化的导向功能是指文化可以为人们的行动提供方向和可供选择的方式。通过共享文化,群体成员可以知道自己的何种行为在对方看来是适宜的、能引起积极回应的,并倾向于选择有效的行动。(3)维持秩序。文化是人们以往共同生活经验的积累,是通过人们反复比较和选择、最终被普遍接受的模式和规范。某种文化的形成和确立,意味着某种价值观和行为规范的被认可和被遵从,意味着某种社会秩序的形成。而且只要这种文化在起作用,那么由这种文化所确立的社会秩序就会被维持下去。(4)传续。从世代的角度看,如果文化能向新的世代流传,即下一代也认同、共享上一代的文化,那么文化就有了传续功能(参考百度百科"文化"词条,2018.01.30,有增删)。

更大的政治和社会功能（马鲲鹏，李晨，2017）①，其他重要的金融机构亦然。

在创新创业投融资领域，宽容失败②、不掠夺、合作共赢，是较被公认的资本文化。创业初期企业风险较大，因企业对其的需求远远多于供给，买方市场特征较明显。如果遵循一个纯粹的供求方程，投资机构应尽可能压低入股价格、提高在企业中的占股比例。但实际情况是否如此呢？往往实践中，投资机构多占一份股权，创业团队就会减少一份激励；若投资机构几乎拥有整个公司的股权，创业团队也就仅把自己视为公司的"普通员工"，失去奋力拼搏的动力，双方成功的概率都降低；因此，投资机构在创业公司中拥有多少股份应该有合理限度，以让企业继续成为创业团队愿意投入全部心血和热情的事业。正如红点创投（Redpoint Venture）的布拉德·琼斯（Brad Jones）所言："在一个项目里，我们并不想要对我们最好的价格，我们想要合理的价格。如果从企业家的收益中分走太多，就会打消他们的积极性，最终利益受损失的还是我们。"

若创业初期企业的投资是中长期投资，未来的情况千变万化，什么是"合理的价格"、多大比例的股份才是"恰到好处"的，除受到短期资金供求形势、退出收益情况等客观因素的影响外，很大程度上是由企业家和投资人"心中一杆秤"定义的。如何找到这个平衡点，让各参与者的利益

---

① 当然，不论是国家意志，还是选民意志，并不能在任何时候都能和纯粹经济学角度认定的"正确的""经济效率最佳"的投放方向完全画等号，美国银行体系先后经历了两大民粹主义思潮的影响：20世纪70年代以前以农业贷款为代表的农业民粹主义时代，20世纪70年代后以面向城市居民住房信贷需求的城市激进团体民粹主义时代。在农村人口占优的农业民粹主义时代，美国商业银行大量以"单体银行"存在（即没有分行的银行），各家银行大量投放面向本地区的农业贷款，这种信贷资源分配效率低下、稳定性差的银行体系直接导致了20世纪80年代的储贷危机。20世纪70年代以后，随着美国城镇化进程的不断深入，以城镇居民住房为主需求的民粹主义思潮直接导致银行房贷规模、占比的持续提升且偏高，整个美国银行体系通过证券化、降低贷款门槛等手段不断提升按揭贷款投放，美国银行业的住房按揭贷款投放量和产业链复杂程度显著超越欧洲等其他发达地区，不断吹大的房地产泡沫和表内外杠杆多层嵌套是2007—2008年次贷危机的直接诱因，而这一切的初衷，都是为了满足"居者有其屋"诉求不断膨胀的选民意志（马鲲鹏、李晨，2017）。

② Gustavo Manso（2011）指出，对失败的容忍是激励创新的必要条件，创新契约的制定原则是：在短期内对失败容忍，允许试错和失败；同时对长期的成功给予回报。

达到相对的平衡和稳定，是从资本维度构建创新生态的关键。让掠夺性资本进入创新领域，就如同有害外来物种进入自然生态，结果必然是悲剧性的①。

三、金融基础设施②

金融基础设施是指支持金融业务运行的硬件设施和制度安排，主要包括市场体系、支付体系、法律环境、信用环境、金融监管、中央银行最后贷款人职能、投资者保护制度等。金融基础设施很大程度上决定了资本流入实体经济的门槛、成本以及效率，金融基础设施越发达，资本积累的效率就越高，长期资本的规模就越大，金融体系承受外部冲击的能力就越强。

创新资本形成之所以需要差异化的金融基础设施，关键在于创新创业企业的信用基础与国有企业、重资产企业有较大的不同，进而需要差异化的信用环境、融资辅导以及资本市场板块。国有企业或重资产企业重要的信用基础，一是来自国家信用的转移，二是基于实物资产的抵押价值，此二者可以用结构化数据来表述、量化以及验证，容易获得各方认可，因此国有企业或重资产企业相对较易获得融资。但创新创业企业——尤其是科技型中小企业和其他初创企业，相对缺少上述两项信用基础，其主要信用基础，一是创业团队的个人信用，二是来自预期发展前景，三是专利技术等无形资产的变现价值。这三项信用基础通常是互相依存的、带有一定的预测性，不易量化、不易验证、更不易获得普遍认可，因此创新创业企业融资难、融资贵是一个老大难问题。

举例来说，科技型中小企业信用基础的不确定性，往往导致投资机构尽职调查时间较长。对由深交所和科技部火炬中心共建、由深圳证券信息

---

① 本段论述参考了《硅谷生态圈：创新的雨林规则》，248~249页。
② 本节论述参考了《科技型中小企业信用信息系统与资本市场对接研究》（郑南磊，2015）。对金融基础设施的定义参考百度百科"金融基础设施"词条（2018.01.30），有增删。

有限公司（以下简称"信息公司"）具体运营的"中国高新区科技金融信息服务平台"（以下简称"园区金融平台"）的调研发现，从投资机构首次接触企业（包括路演现场见面、线上收看路演后登门拜访企业等形式），到投资机构初步完成内部尽调，平均约需 6 个月的时间。较长的尽调时间意味着较高的尽调成本，而较高的尽调成本即意味着只有较顶尖的企业能被纳入融资覆盖范围，大部分企业仍然获得不了融资。

信用基础薄弱本可通过较强的金融技能弥补。但调研还发现创新创业企业普遍存在"金融技能差"问题。尤其考虑到由于本轮创业创新潮是在全球新一轮科技革命和产业变革的大背景下发生，大批创业企业的创业团队是主要由"理工男""技术宅"组成的科技型创业团队。这些科技型创业团队专精于技术，但相对缺乏金融经验。他们不擅长如何从日益专业、多样、复杂的政府、金融和第三方服务体系中，迅速找到最切合自身需要的服务；不擅长通过调整自身的资本结构以及公司治理手段尽快达到金融机构的要求；更不擅长在需要不同的金融服务组合时，在各个金融机构之间组织协调。投融资是一个互动的过程，创业创新企业自身金融能力的不足，让创业创新金融（服务）机构孤掌难鸣。

创新创业企业信用基础薄弱、金融技能差的问题，是各类型金融机构面临的共性问题，因此不能通过新增某类金融机构、增售某种金融产品的方式去解决，而是必须建设专项金融基础设施。包括：(1) 针对"金融机构尽调难"问题，要建立起大数据化的信用信息体系；(2) 针对"企业金融技能差"问题，要建立起专业化且普惠性的融资辅导体系；(3) 针对创新创业企业差异化的信用基础和成长规律，要建立包容性和风险承受能力更强的资本市场板块。

若将金融机构比喻为珍珠，专门的信用信息体系、融资辅导体系和资本市场板块等金融基础设施就是把珍珠串起来的线。线的问题处理好了，珍珠就能串成项链，对创业创新的各项金融服务就能形成合力，发挥出协同效应；反之则事倍功半，金融体系虽庞大却不能充分发挥效用。

第二节　创新资本形成生态中交易所的作用

产业生态、资本文化和金融基础设施是创新资本形成的生态基础。对产业生态、资本文化和金融基础设施都有重要作用的机构，将显著影响创新资本形成的过程、规模和流向，成为创新资本形成中心。交易所对促进产业生态、资本文化和金融基础设施形成创新资本具有重要作用，一是为创新资本形成、增值和流动提供了高效的平台，是创新资本循环的核心金融基础设施，二是极大优化产业生态，对市场经济和产业集群发展有重要促进作用，三是对资本文化和投融资领域行为规范的形成产生较强的外溢影响。

一、为创新资本形成、增值和流动提供了核心平台

第一，交易所是股权资本增值、流动和放大的高效平台。从股权资本循环过程来看，风险投资通常投资处于早期发展阶段、有高增长前景的创新型企业，经过优胜劣汰，发展较成功的企业能在交易所公开发行上市，成为公众上市公司。交易所能够提高了上市公司股份的流动性，并为上市公司股份提供了风险分散溢价、流动性溢价、公司治理溢价[①]等多重溢价。在交易所公开上市，是风险投资和创业企业家增值率最高、流动性最好的退出渠道[②]，并激励获得增值回报的投资者和创业者再次投入创新创业，实现创新资本的连续循环。交易所不只是提供了退出渠道，通过公开上市、上市公司收购等，还为创新创业企业对接了公众资金、产业资本，银

[①] 公司治理溢价来自上市后信息披露更透明、媒体关注和研究覆盖更充分、公司治理机制更规范等。

[②] 被并购通常也是投资创新创业企业的资金的退出渠道，此时由于不少主并公司是上市公司，交易所间接提供了增值、流动和退出渠道。

行通常也会跟进提供后续贷款，由此实现了各类型资金的接力和相互放大。由此，交易所能够促进股权资本的增值、流动和放大，既是股权资本循环的闭环，又是多种资本汇流的阀门。

第二，交易所债券市场是高质量创新创业企业债权融资的稳定渠道。相对于银行信贷，交易所债券市场投资方向更多元，其是直接融资市场，不同投资者分散决策；商业银行信贷是间接融资，在银行内部集中决策。集中决策机制在信息处理上具有规模经济，擅长推动成熟产业的发展，但也易导致风险偏好和投资逻辑的单一。分散决策机制则让不同风险偏好、不同投资逻辑的投资者都各展所长，包容性更强，有利于支持数量更多、更差异化的创新创业企业。二是市场化约束更强。贷款企业信息主要用于银行内部，发债公司则需对外详细披露信息，因此交易所债券市场声誉效应更强，预算约束更硬，低质量企业将更易被淘汰。Gonton（2009）指出，金融衍生的历史显示真正的市场约束只能来自资本市场，也就是股票市场和中长期债券市场，而不是短期的流动性工具市场，包括银行存款、货币市场等[①]。

当然，交易所债券市场的相对优势能有多大，会受利率市场化程度、债券产品丰富程度、操作流程简便程度等因素的影响，与经济体中的主要银行是狭义银行还是全能银行也有很大关系。全能银行对企业的支持力度更大、更全面，很大程度上可与资本市场的优势相媲美。

第三，交易所衍生品、指数等的设计和发展，直接影响不同类型资金进入创新创业领域的可行性和便利性。例如在缺少可用于风险管理的衍生品的情况下，由于长期资金入市后缺少保护，入市规模可能会减小。再例如指数设计方面，梁冰（2016）发现纳斯达克生物公司具有资金大进大出、公司股价随研发进展大幅波动、仅有少数公司盈利且利润在全行业中占比较高的特征，因此有必要精心设计细分化的行业指数，以便投资机构在此基础上构建指数投资基金，减少投资个股的风险，使更多的社会资金

---

① 转引自《渐行渐近的金融周期》（彭文生，2017）第123页。

流入该生物医药行业。

二、对资本文化和投融资行为规范有较大的外溢影响

由于交易所把控着资本增值变现和信息披露传播的咽喉环节，交易所的一系列规则和行为偏好对投融资各方行为有重要影响，包括：

（1）上市条件、上市节奏等直接影响风险资本的投资方向、投资阶段，以及创新创业企业的发展和上市规划；

（2）信息披露、公司治理等制度影响创新创业企业信息真实性和可得性，影响其他金融机构对创新创业企业的接受度；

（3）交易制度、投资者适当性制度等影响资本增值程度，以及资本增值在不同群体中的分配情况，全社会对创新创业企业的认可度；等等。

当然，资本文化还受到技术发展周期、社会资金宽裕程度等的影响。但技术发展周期、社会资金宽裕程度等是周期性的"快变量"，交易所的影响是基于金融基础设施的地位来实现的，一旦充分发挥，就成为奠基性的"慢变量"。从长期来看，"慢变量"将最终决定系统的状态。

> **参考资料**
>
> **美国社会资金参与前沿科学研究近况**
>
> 按融资项目的"技术突破度——资金投入度"情况来分类，传统上通常认为技术突破度和资金投入度都较高的领域，主要靠政府资金资助；VC/PE和民间资本主要流入技术突破度较高但资金投入度较低的领域；企业自有资本主要流入技术突破度较低、资金投入度也较低的应用开发领域；银行资本主要流入技术突破度较低但资金投入度较高的成熟领域。但近年美国出现了社会资金深度参与科学研究的现象，原因如下：
>
> 一是大公司纷纷开展前沿研究。惠普等大公司通常将研发部门分为"核心研发"与"产品研发"两部分，核心研发主要从事5~10年后可投

入应用产品的超前科技研发，如量子计算、人脑神经元模型研究等，以此巩固公司的技术统治地位，核心研发经费在全公司研发经费的占比一般超过10%。产品研发方面，大公司在内部研发之外，越来越多采用收购相关创业企业的方式，一是克服"大企业病"带来的产品研发低效率；二是分散研发风险，对发展暂不明朗的中小企业，通常不进行大额的股权投资，而是直接资助其研发经费，要求其在技术研发成功后优先授权给自己使用；三是阻止竞争对手或者该中小企业抢占某一产品市场。

二是私立大学、私立研究机构和个人基金会投入前沿研究。例如宾夕法尼亚大学每年有10亿美元的无偿科研基金资助前沿研发。再例如不少互联网公司的创始人设立了个人基金，为科技创新提供资助，如微软创始人比尔·盖茨与其前妻设立的"梅琳达和比尔盖茨基金会"支持了大量健康和能源领域研究，谷歌前首席执行官埃里克·施密特与其妻子设立的"施密特家族基金会"则对海洋方面的研究给予资助。

美国近年出现的企业资本、VC/PE资本、个人资本大量进入技术突破度和资金投入度双高领域的现象，可能有两种原因。一是技术原因。随着科技革命和产业变革的深化，各领域的技术复杂性和研发投入门槛都越来越高，技术突破度较高但资金投入度较低的领域越来越少，企业资本、VC/PE资本、个人资本不得不大量进入双高领域。二是金融原因。为应对金融危机，近年全球货币发行泛滥，企业、VC/PE和富裕个人手中都积蓄了太多资金，提高了风险偏好，随着全球货币的收紧，这一现象将逐渐消失。而主要原因究竟是技术原因还是金融原因，有待进一步跟踪研究。

三、促进市场经济和产业集群发展

发展市场经济方面，交易所市场是完善产权制度、促进要素市场化配置的重要渠道。完善产权制度方面，企业上市前要进行确权和规范化，上市后要充分披露经营管理信息，登陆交易所市场既能明晰企业产权，又是对企业产权最好的保护。促进要素市场化配置方面，企业一登陆交易所市场，就是和全国企业在竞争金融资源①。对比银行和交易所市场的业务模式，银行资金沉淀在本地，交易所市场资金从全国来、往全国去；银行侧重开展当地业务，资本市场机构在全国寻找优质企业；银行内部能完成大部分业务，业务偏好较单一，而券商需要事务所、PE/VC 等的协助，业务偏好更多元。集中统一的交易所证券市场对实现资源的跨行业、跨地区、跨所有制优化配置有重要作用，有利于打破要素市场分割，打造真正意义上的市场经济主体。以中国为例，中国中小企业、民营企业长期存在产权模糊和融资难问题，深交所作为中国证券市场重要组成部分，推出了聚焦服务中小企业、科技创新型企业和其他成长型企业的中小板、创业板，在帮助中小企业、民营企业明确产权，并市场化获得金融资源方面，更是作出了不可替代的贡献。

发展产业集群方面，交易所市场是新兴产业优质企业集体亮相的最好舞台，是新兴产业吸引全社会关注、获得全方位资金资源注入的高效平台。产业集群通常是指产业在地理上的集群。但交易所市场可以因势利导，通过在上市条件、保荐工作指引以及上市推广工作上的、有倾向性的安排，在股票、债券等市场上推动形成特定的产业集群。例如 2010 年，深交所创业板设立之初，证监会发布《关于进一步做好创业板推荐工作的指引》（以下简称《指引》），指出"保荐机构应重点推荐符合国家战略性新兴产业发展方向的企业，特别是新能源、新材料、信息、生物与新医药、节能环保、航空航天、海洋、先进制造、高技术服务等领域的企业，以及其他领域中具有自主创新能力、成长性强的企业"。调研发现，市场各方普遍认为，《指引》为推动创业板形成一批特色新兴产业集群——包括以新一代信息技术数字为代表的数字经济，以节能环保、新能源和新能源汽车为代表的绿色经济，以文化及相关产业为代表的文化经济等——发挥了重要作用。资本市场上的产业集群与地理上的产业集群是相辅相成的关系，后者为前者提供了基础上市资源，前者提高了后者的美誉度，为前

---

① 也可能是和某一区域企业或者是和全球企业，视该证券市场性质而定。

者嫁接更多的金融资源，推动后者更充分更健康地发展。

第三节　创新资本中心建设的演化机制和业务基础

由上，我们将交易所与硅谷银行做对比。硅谷银行由于多年深耕PE/VC和创新创业圈，深度了解"圈"内资源分布和投融资偏好，由此能将自身作为桥梁，帮助自己的创新创业企业客户和PE/VC客户对接整个创新生态圈，在规模体量仅位列全美银行第十九的情况下，勇于宣传自身处于创新生态的中心。相比硅谷银行，交易所是以关键金融基础设施的地位参与创新生态，天然与创新创业企业、PE/VC、投资银行、商业银行、第三方服务机构、政府部门等的接触渠道更广，作用力更大，甚至对资本文化、体制机制都有深刻影响。交易所可充分发挥这一优势，一方面全面深入了解创新资源分布和创新资本投融资偏好；另一方面完善自身的产品服务体系，确实发挥出基石功能和桥梁作用，成为创新资本形成中心。

一、演化机制

如前所述，一个金融机构、金融市场或金融中心城市要成为创新资本形成中心，一是要能显著影响创新资本的规模和流向和形成的过程，二是要成功培育出一批优质的创新创业企业。交易所能够成为创新资本形成中心的演化机制，第一，提供股权资本流动增值、优质企业债券融资和便利多元资本进入的高效金融基础设施，确实把控住资本准入、信息传播和风险定价的咽喉环节；第二，在此基础上，交易所可通过制定创新友好、市场增强型的业务规则，围绕科技革命、产业政策等开展主动性的市场推广，总结宣传各方最佳实践经验，逐步扩大对投融资各方的影响，包括其产业方向、投资阶段以及规范运作等，逐步形成鼓励创新的投融资行为规范和资本文化；第三，在规则互动修订和市场推广过程中，交易所要对创新创业相关群体——包括创业者、VC/PE、投资银行、地方政府、国家部委等的行为偏好和资源情况形成深刻认识，不断迭代完善交易所业务和服务体系，使之在不同情境下都能高效对接各方需求或协助各方相互对接，将创新创业相关群体不断聚拢到交易所身边，使交易所成为创新创业资源配置的中心节点和创新创业资本文化的旗帜引领。交易所及相关方的努力，将有效引导创新资本的规模、流向和形成的过程，推动市场经济和产业集群的发展，促进形成良好的产业生态，持续培育出优质的创新创业企业。简言之，交易所成为创新资本形成中心的三个演化点，一是作为核心金融基础设施的特殊地位，二是形成规则和文化影响力，三是支持创新创业资源相互对接的产品和服务体系。

生物学研究指出，生态系统中存在"基石物种"（keystone species，也常翻译为"关键物种"），基石物种和生态系统中的其他部分有着极具价值的互动，发挥枢纽作用，对保障生态系统的稳定和发展有着远超过自身物种比例的贡献，典型如蜜蜂。以此类比，交易所为企业资本和债券提供定价、增值、流动和变现平台，广泛撬动公众资本、产业资本与风险资本、私募资本形成接力，深刻影响创新创业早期投资的流向和规模，为促进多种投资偏好的资本进入创新创业领域提供渠道，广泛促进创新创业企业信息的传播，联系着创新资本形成相关的各个主体，决定了创新资本形成体系的完整和效率，实则是创新资本形成体系的"基石"和中心机构。由上，尽管交易所融资在社会融资规模中的占比并不大，但交易所的重要性不能简单地用资金总量来衡量。根据中国人民银行初步统计，2018年社会融资规模增量累计为19.26万亿元，比上年减少3.14万亿元，其中，企业债券净融资2.48万亿元，同比增加2.03万亿元；非金融企业境内股票融资 3606 亿元，同比减少 5153 亿元，两者合计仅占社会融资规模增量的 14.7%[①]。上述还是整个资本市场的数据，并非交易所的数据。但没有交易所渠道的扩大和通畅，创新资本形成体系必然残缺且事倍功半。

从宏观角度，交易所以及以交易所为中心的证券市场发挥作用受经济发展阶段、制度环境和资源禀赋的影响，其比较优势往往在经济发展程度较高阶段才能有效显现[②]。对大部分发展中经济体而言，要素结构最突出的特征是具有相对充足的非熟练劳动力（和相对稀缺的资本），劳动密集型产业和资本密集型产业中的劳动密集环节具有比较优势。由于劳动密集型企业的资本规模通常比资本密集型企业小，其金融体系的运转效率主要取决于它是否有能力满足中小规模的、成熟的劳动密集型产业中的企业的融资需求。此外，在经济发展早期，制度环境也可能无法有效地支持证券市场活动，比如会计师事务所等第三方服务机构还未充分发展，标准化财务信息缺乏，等等。在这样的经济环境下，银行的作用比证券市场更重要，因为即便在法律和会计体系薄弱、制度不发达的国家，强有力的银行体系也有能力迫使企业披露信息、偿还负债，从而助力工业增长（Gerschenkron，1962）。小规模的地方银行，或者分支网点众多的大银行，优势可能更大，因为它们更善于处理当地信息、评估与企业信誉相关的"软"信息并与借款者建立长期联系。

但随着经济的发展，熟练劳动力和资本逐渐增多，部分产业技术日益接近前沿，会计、审计、评估、法律等第三方服务不断普及，对证券市场服务的相对需求将上升。一是企业在产品研发与创新上支出增多，并且承担技术创新和产品创新的高风险，这不符合银行尤其是小规模的地方银行以及低级别银行网点的风险偏好；二是研发和创新驱动的行业通常也是资

---

① 2018 年由于债券净融资增加，与 2017 年相比，债券与股票融资在社会融资规模增量中的比重大幅提高。2017 年社会融资规模增量累计为 19.44 万亿元，比上年多 1.63 万亿元，其中，企业债券净融资 4495 亿元，同比少 2.55 万亿元，非金融企业境内股票融资 8734 亿元，同比少 3682 亿元，两者合计仅占社会融资规模增量的 6.8%。

② 本节论述参考了《金融结构域经济发展》（林毅夫，徐立新，2011）。收录于《新结构经济学——反思经济发展与政策的理论框架》，林毅夫（著），苏剑（译），北京：北京大学出版社，2012。

本密集型产业，企业外部融资需求较大，愿意承担向市场提供标准化财务信息的（固定）成本。在这样的趋势下，股票市场、债券市场以及部分大银行逐渐成为资本密集型、创新驱动型企业的主要资金提供者。换言之即经济发展进入资本密集、创新驱动阶段后，证券市场的作用将更加突出。Demirguc-Kunt，Feyen and Levine（2011）的国别研究发现，随着经济发展，银行和证券市场相对于整体经济的规模都会变得更大，而随着国民收入增长、国家变"富"，经济发展对银行发展指数变化的敏感度逐渐降低，对证券市场发展指数变化的敏感度则在提升。

二、产品和服务体系

要成为创新资本形成中心，交易所需建立在不同情境下都能支持资金流入创新创业、协助创新创业各群体相互对接的产品和服务体系。科技革命和产业变革有其周期，不同的细分产业以及不同的创新创业形式会不断变化，交易所需有全面的产品和服务，以保证在不同情境下都能有所作为。打一个不严格的比方，考虑到创新创业形态和服务需求的多样性，交易所的产品和服务体系不应是刻意雕琢的、刚性的"红木沙发"，而应是的"因您而变"的、柔性的、全适应的"懒人沙发"。此外，如同经济中心、金融中心都需要有自己的战略腹地一样，交易所要成为创新资本形成中心，也要深耕、占据一个新兴产业发达、创新创业活跃的领域来夯实自己发展的实体基础。从这两项要求出发，交易所的产品和服务体系应包括：

一是包容性强、流动性好的股票市场，为不同技术、不同产业、不同模式、不同阶段的创新创业企业提供稳定的上市渠道，为不同类型创新资本提供稳定的流动和变现渠道。为此，交易所股票市场需要有多元化的上市条件和上市方式（包括直接上市等），市场化的发行定价和发行节奏，以及有层次、差异化的投资者群体，既包括长期持股、价值投资的机构和专业投资者，也包括一部分交易活跃、受消息驱动的散户投资者。较理想的市况是，企业对自己能否上市、如何上市、何时上市有较稳定的预期，个股可以大涨大跌，上市公司群体可以大进大出，但整个市场表现出较强的内在稳定性，较少发生大幅度的同起同落，不会出现在部分时间内丧失市场功能的情况。

二是推出吸引多样化投资者进入的固定收益产品、基金产品，以及功能齐备的风险对冲工具，包括双创债、高收益债、股债结合产品等适应创新创业企业特点的固定收益产品，以创新创业企业为主要投资标的的基金，以及各种针对新兴产业上市公司股票、指数的期货、期权等衍生品。创新创业领域客观上风险较高，必须发挥好二级市场对一级市场的支撑作用、衍生品市场对二级市场的保险作用，以及固收市场对股权市场的协同和放大作用，才能更稳定地引导更多类型、更大规模的资本流入创新创业领域，使交易所成为整个金融体系意义上的创新资本形成中心。

三是覆盖面广、规范性强的私募融资（信息）平台，树立私募融资领域的行为规范。初创阶段是创新型企业的脆弱阶段，一个便捷、规范、友好的私募融资环境能有效提高创新创业企业的生存和成长概率。交易所可以通过上市标准、上市推广等因素间接影响私募融资环境，还可以建立下属的私募融资（信息）平台，直接支持和引导私募融资发展。利用该平台一方面提供投融资对接路演等服务，并不断积累关于创业企业（非上市企业）、VC/PE、区域经济等的大数据，形成交易所独有的信息资源，支持上市推广、发行审核、固收及基金产品设计等其他业务；另一方面传播良好的资本文化，具体方法包括宣传典型案例、提供合同范本、开展融资培训、建立投后管理联盟、建立失信投融资者黑名单、联合政府部门开展信用信息服务，等等。硅谷银行是基于对 VC/PE 的深度了解发展出风险贷款、投贷联动、私募基金过桥贷款等优势业务，将创新创业圈中的资源相互链接起来，在这方面，交易所比硅谷银行更具行业优势。

当然，私募融资市场的"私"性质，决定了很难经由官方、半官方途径建立起一个统一平台，质量最高的一批项目也不太可能通过官方平台融资。交易所建立私募融资（信息）平台的第一阶段目标应是"做广做规范",即为各个地区、各行各业、不同阶段、中等质量的创新创业项目提供低成本、规范性、有一定成功率的投融资对接服务。为此,平台应广泛服务各种类型的项目源,包括政府部门、高新园区、四板市场、金融机构(PE/VC、银行等)、高校和研究机构、孵化器、行业协会等,逐步建立起关于培训、路演、(投融资双方)信息披露、配合尽职调查以及投后服务等的标准及流程,树立"国家队"的品牌形象。第二阶段再"做深",即选择若干地区、行业、业态企业,不断提高融资成功率,成为该领域的私募融资中心平台。

除服务创新创业企业融资外,私募融资(信息)平台还可发展PE二级市场业务[①]。PE/VC已成为我国直接融资的重要力量,截至2019年1月,在中国证券投资基金业协会(以下简称"协会")备案的私募股权与创业投资基金在投项目中,中小企业项目数量达4.83万个,在投本金为1.50万亿元;投向处于种子期、起步期企业的项目数量达3.64万个,在投本金达1.73万亿元。但A股发行上市规模显然未与PE/VC规模同比增长,不对称的发展导致PE/VC退出渠道受限、流动性紧张成为行业普遍现象。市场呼吁研究借鉴国际成熟经验,借助交易所成熟的信息披露和交易机制,在交易所基础上发展全国性的、规范的PE二级市场,提高PE/VC流动性,优化创新资本形成的底层生态。

四是积极参与建设科技成果(产权)交易市场。技术和金融是创新的双擎,随着科技的日益发展,企业愈发需要通过一个高效的科技成果(产

---

① PE二级市场主要指从已经存在的LP手中购买相应的私募股权,以及从GP手中购买私募股权基金中部分或所有的投资组合。在欧美国家,私募基金二级交易市场较为活跃,有统计表示,每年约3%~5%的基金份额进入二级市场;2008—2017年全球私募股权转受让投资基金(S基金)募集完成规模2160亿美元。中国的PE/VC基金从设立到退出的周期基本在5~10年,二级市场有利于解决流动性问题,是PE基金的一项新的退出渠道。但目前国内二级市场还处于早期阶段,且面临难以规模化的问题。主要原因一是PE/VC二手份额交易风险较大,例如国内信用体系不够健全,企业信息不透明,未上市股权的估值波动较大,二手份额交易的风险较大,目前国内此类交易多发生在熟人之间;二是GP普遍不希望外部知道自己LP的资金出现问题,同时不少LP作为上市公司或高净值人群等,也不希望把自己资金问题的消息传播出去。相关研究可参见《2018中国股权转让蓝皮书暨30支2009—2011年人民币基金投资退出大数据分析》等。

权）交易市场使用全国乃至全球先进技术资源，减少重复研发、低效研发，科技成果（产权）交易市场是创新资本形成体系的重要组成部分。从美、欧、日经验来看，传统的证券交易所并不参与科技成果（产权）交易，科技成果（产权）交易市场的组织者既有政府主导的、汇聚了政府主要技术资源的技术转移机构，也有大企业联合组织的技术交易平台，以及悬赏开发模式、股权投资模式等特色平台。中国当前的特殊情况在于技术交易（转移）规模逐年提升，2018年全国登记技术合同41.1万项，成交额1.77万亿元，同比分别增长12.08%和31.83%，成交额占GDP的比重上升到1.96%，但技术交易（转移）机构发展却呈现"小散乱"格局，各类技术交易（转移）机构普遍存在较强的地域性或部门性，技术资源缺乏整合，目前还没有一个真正意义上的全国性技术交易（转移）平台，位于北京的中国技术交易所虽然冠以"中国"头衔，但其2017年技术交易成交金额仅1.05亿元。国家知识产权局主导建设的知识产权运营体系也才刚刚成型，其中的知识产权交易功能还较薄弱。这一局面为具有丰富交易组织经验的证券交易所介入科技成果（产权）交易市场提供了时间窗口。积极参与科技成果（产权）交易市场建设，同时手握技术和资本双引擎，更有助于交易所成为创新资本形成中心。

五是深耕一个新兴产业发达、创新创业活跃的领域，将其发展为自己稳固的经济腹地。经济腹地是与经济中心、金融中心、中心城市等相对应的概念，其内涵是该经济中心、金融中心、中心城市的吸收和辐射能力能够达到并能促进其经济发展的地域范围。交易所的经济腹地可以是某一区域，也可以是某一行业，该区域、该行业的优秀企业尤其是标志性企业，都优先选择到此交易所上市，例如硅谷和广义IT行业都可视为纳斯达克的经济腹地。交易所要深耕、占据一个经济腹地，既要有与之相对应的上市条件、上市方式和公司管理能力（如解禁减持、再融资等政策）等"硬"基础，更要有良好的早期培育、上市推广等"软"服务，在该腹地中建立起持续的文化认同、情感认同，避免与其他交易所在优惠条件等方面陷入"竞底"之争。

参考资料

中美技术交易（转移）机构发展简要比较

一、美国技术交易（转移）机构运营模式及发展经验

美国既有政府主导的、汇聚了政府主要技术资源的技术转移机构，也有大企业联合组织的技术市场，此外还有各种特色模式的技术交易（转移）平台。

政府主导的机构有如美国国家技术转移中心（NTTC）。NTTC于1989年创建，负责将收集、整理的超过700个联邦实验室与100所大学的研发成果推向工业界，并向承接成果转化与应用的单位提供技术咨询、市场评估、商业化前景分析、专题培训、科技人才交流等服务，促进其尽快转化为产品。为了便于开展工作，国家技术转移中心还在美国设立了6个技术转移区域中心，负责本区域的技术转移工作。NTTC通常只服务美国公司，如果是合资公司，则必须是美方控股51%以上的。

大企业联合组织的机构有Yet2.com。Yet2.com成立于1999年，由宝洁、霍尼韦尔、卡特彼勒、拜耳和西门子等公司共同投资2400万美元创立，是目前全球最大的网络技术交易市场平台，用户超过13万，其中包括许多世界500强企业，如福特、飞利浦、宝洁等，这批核心顾客将自己的一些技术独供于Yet2.com平台。Yet2.com的主要业务是全球技术授权、知识产权组合上市、专利交易等，较有特色的服务是战略交易流服务，每年向客户推介多达400条经过筛选的潜力公司及技术信息。Yet2.com拥有一支由科学家和工程师构成的团队，能为知识产权组合打包上市和技术交易提供评估、鉴别、开发等全流程咨询服务。收入主要来源于信息发布费、交易费和增值服务费：为技术供给方和需求方每发布1条信息，均需收取1000美元的费用；交易费为每笔交易总额的15%，最低不低于1万美元；增值服务费则视客户服务需求不同而不同。

悬赏模式、股权投资模式等特色技术转移（交易）机构也获得较好发展。美国创新中心（InnoCentive）为典型的悬赏模式机构，成立于2001

年，由礼来制药创立。在其网络平台上，客户公司（技术需方）张贴挑战项目，由网站注册的"解决者"（技术供方）提交解决方案，方案最优者将得到 5000 美元到 100 万美元不等的现金奖励。到 2013 年 6 月底，平台上张贴有 1600 多个挑战项目，涉及 40 个学科，平均获奖率为 74%，已颁发奖金超过 4000 万美元。这种网络众包创新模式日益成为企业研发体系的重要补充，宝洁当前 35% 的新产品来自公司外。InnoCentive 注册用户已遍及 200 多个国家和地区，在全球拥有超过 25 万名科技精英。Innocentive 的主要收入是客户公司（技术需方）缴纳的会员费和成交项目佣金。

美国 UTEK 为典型的股权投资模式。UETK 由大学教授 Dr. Clifford M. Gross 于 1997 年创建，采用大学对企业的模式（U2B 模式）运营。UTEK 首先寻找适当的技术型公司并与其形成战略联盟。了解了公司技术需求后，UTEK 的专业人员用容易被潜在的技术提供者查询到的格式与语言重新表述；并对各个大学和实验室已有的技术成果进行分析，联系相关领域内的研究机构及全球专家，咨询技术需求的解决方案。方案获得公司认可后，UTEK 与技术提供者展开谈判，购买技术的所有权，并以股权出资的形式将该技术投入公司。对于投入的每一项技术，UTEK 都尽可能提供资金融通，使之不至于影响公司的现金流和市场发展。UTEK 主要通过之后的股权增值获益。

总结美国优秀技术交易（转移）机构的共同特征，一是有庞大的技术成果储备或技术专家网络，能充分满足企业技术（开发）需求；二是有强大的技术交易专业团队，能提供细化技术需求、筛选相关技术或专家、提供解决方案、进行资金融通等全流程增值服务，帮助技术供需双方顺畅达成交易；三是发展出核心用户群，建立起相互信任机制。在此基础上，美国优秀技术交易（转移）机构发展出丰富的业务形式和盈利模式，共同组成了供需两旺、生机勃勃的技术市场。

除美国之外，欧洲、日本也有一批知名技术交易（转移）机构。政府资助建设的有欧洲创新转移中心（IRC）、德国创新市场（IM）、日本 Technomart、韩国技术交易所（KTTC）等。市场自发建设的有英国技术集团（BTG）、史太白促进经济基金会（STW）等。它们也都整合了庞大的技术供需资源，具有强大的增值服务能力，形成了可持续发展的业务体系。

二、我国技术交易（转移）机构发展现状及问题

我国技术交易（转移）规模近年持续快速提升。2017年我国技术合同成交36.76万项，合同成交额13424亿元，同比分别增长14.71%和17.68%，成交额占GDP的比重由2011年的1.01%上升至2017年的1.62%。2018年全国技术合同登记41.1万项，成交额17697亿元，同比增长分别为12.08%和31.83%，成交额占GDP的比重上升到1.96%。但在宏观面良好的同时，从公开资料来看，技术交易（转移）机构仍呈现"小散乱"的微观格局，原因如下。

一是成交不活跃，缺少真正意义上的全国领军机构。2017年我国共有各类技术转移示范机构453家，其中高校技术转移机构134家，科研院所技术转移机构121家，政府部门所属的机构83家，独立第三方市场化运作的机构81家，技术（产权）交易机构34家。对其中29家主要技术（产权）交易机构的统计显示，2017年共促成技术交易12983项，成交金额仅为672.21亿元。

该29家主要技术（产权）交易机构中，部分直接冠名"技术交易所"或"技术市场"，部分是产权交易所，兼营技术交易。前者当中，湖北技术交易所、西安科技大市场有限公司、上海技术交易所2017年成交金额分别为40.52亿元、38.69亿元和35.09亿元，名列前三位。后者当中，北京产权交易所有限公司、上海联合产权交易所、武汉光谷联合产权交易所2017年成交金额分别为180.63亿元、182.36亿元和111.36亿元，名列前三位。专门的技术交易所在撮合成交上还不及兼营的产权交易所，更比不上国际优秀同行。位于北京的中国技术交易所虽然冠以"中国"头衔，但2017年其技术交易成交金额仅为1.05亿元。

二是业务范围有限，增值服务能力不强。目前各技术（产权）交易机构的主要业务集中在交易环节，即通过组织技术登记、拍卖等，帮助供求

双方达成合法交易并抽取佣金。部分机构如中国技术交易所（技E网）、科易网、浙江网上技术市场等建立了较完整的线上服务体系。但在增值服务上，例如为技术需求者主动筛选技术、为供求双方提供成果定价和法律咨询服务、为促进成果产业化提供中试或孵化服务、为技术交易寻找风险投资等配套融资等方面，我国的技术（产权）交易机构还较少涉及，已经涉及的服务也还未成熟。

三是交易关键环节还未形成公认标准，如信息披露标准，即如何用交易双方易于理解的格式和语言将技术供需信息发布出来，但又不泄露商业秘密；缺失科技成果价值评估标准将导致技术供需双方对成果交易价格分歧过大，技术交易无法完成；缺失交易后服务标准，技术成果很难与其研发者分离，技术交易大多需要技术提供方在后期继续帮助购买方将技术成果进行转化应用，平台如何对这些交易后事项进行监管并提供必要的支持，目前也缺少公认的行规。

四是技术交易（转移）机构"小散乱"、技术市场缺乏有效监管的局面还威胁着我国技术安全与产业安全。傅正华（2016）等研究指出，对我国大宗技术合同交易的分析显示，境外和外资企业正利用我国技术市场的无监管状态大量收购我国的科技成果和科技资源。随着以高智发明公司为代表的大型、超大型技术专利投资与经营公司的兴起，这种技术掠夺将更直接、更专业。技术市场"小散乱"、缺乏有效监管的局面若不能有效改变，可能导致我国关键领域专利成果与国有资产加快流失，进一步加剧国际技术垄断，在一定程度上限制我国技术型企业的发展。

上述问题的形成，有技术商品固有特性的原因。一般来说，交易最有利于那些具有高重复性、具有常规化交易流程、能被清晰定义且标准化、具有稳定价格的资产、货物或者合同，包括服务合同。但技术商品往往高度差异化并且信息不对称，其价值在大量的试验和改进之前很难被充分、准确地评估，卖方和买方对一项技术价值的判断存在着天然的差距，这些因素阻碍了交易的达成。以网上技术市场的发展为例，Graff和Zilberma的研究表明，有两类技术适合在网上交易。一类是具有较高且广泛应用价值的技术，交易策略是非排他性的大量授权，技术拥有者通过网上技术市场从较低的交易与传播成本中获益。另一类是受到专利高度保护且对下游产品或流程有明确保障的技术，这类技术一般具有较高价值，往往被排他性地转移或许可给市场中出价最高者，利用网上技术市场技术拥有者可以以较低成本在更大范围内寻找、发现交易对象。其他的技术专利则较难利用在线环境进行交易。

科技成果产权交易机构自身的成果储备、硬件设施、数据能力、资金条件、专业团队等有限，也是重要原因。例如当前各技术（产权）交易机构，以及高校、科研院所的技术转移机构普遍有较强的地域性或部门性，技术资源缺乏整合，用户很难通过某一平台获得全国的技术供求信息，由此平台就很难形成业务规模。而缺少业务规模，平台就组建不了专业团队，形成不了技术商品大数据，业务广度和深度将进一步受限，陷入低水平均衡。例如上述29家主要技术（产权）交易机构，2017年共有从业人员1357人，平均每家仅47人，客观上没有足够的专业人员提供"信息集散—技术评价—市场预测—决策支持—专家咨询—用户服务"的全方位服务。相比之下，美国Yet2.com有超过13万用户，德国史太白促进经济基金会（STW）覆盖了全球60个国家和地区的1000家技术转移机构，英国技术集团（BTG）专注于医用领域全球化技术转移，全球化的运营规模为提升业务广度和深度奠定了基础。

第三章

创新资本赋能粤港澳大湾区建设

推进粤港澳大湾区建设，是以习近平同志为核心的党中央作出的重大战略决策，是新时代我国深化改革开放的重大战略举措。习近平总书记明确要求，要抓住建设粤港澳大湾区重大机遇，携手港澳加快推进相关工作，打造国际一流湾区和世界级城市群。粤港澳大湾区规划建设旨在发挥粤港澳三地优势，深化互利合作，打造具有国际竞争力的创新发展区域。粤港澳大湾区背靠中国内陆腹地，对外辐射东南亚乃至全球市场，具备联通内循环和外循环的天然优势，能够集聚和引导境内外要素资源，是畅通"双循环"、构建新发展格局的重要枢纽。粤港澳大湾区内已经拥有国际级的金融中心，在湾区规划和建设发展过程中会产生广泛的资本形成需求。而如何增强有效资本形成能力，打造国际创新资本形成中心，是建设粤港澳大湾区的重要课题。只有打造市场化法治化国际化的资本形成模式，不断拓宽资本形成渠道，提高资本形成效率，才能加速科技创新成果向现实生产力的转化，推动科技创新创业企业从无到有、从小到大，进而增强经济活力，形成新的经济增长点。围绕这一目标，我们有必要对世界三大一流湾区资本形成能力进行全方位的深入分析，找出粤港澳大湾区与三大湾区有效资本形成方面的差距，从而明确重点问题与完善路径，为粤港澳大湾区的战略发展提供有价值的建议。

第一节　创新资本形成与世界四大湾区的发展历程

纽约、旧金山、东京三个世界级的湾区的经济演变以及资本市场发展是美、日两国经济发展模式的缩影。在中国，粤港澳大湾区是我国人口聚集最多、创新能力最强、综合实力最雄厚的区域之一，是我国经济结构转型升级的重要引擎。

一、世界三大一流湾区资本形成的优势定位

（一）纽约湾区：强大的金融资源配置能力

纽约湾区是金融湾区。作为美国以及全球最大的商务和贸易中心，依托丰富的投融资体系，纽约湾区成为国际金融资本中心，不仅集中了大量美国大型跨国公司总部，也拥有最完善的交易场所、金融机构以及中介机构。截至 2018 年 6 月，纽约共聚集 99 家保险商业银行、42 家保险储蓄银行、1658 家证券公司、640 家保险公司以及众多资产管理公司、信托基金、对冲基金的总部[1]。此外，湾区内还汇聚了纽交所、纳斯达克（NASDAQ）和美国证券交易所等全球性证券交易所[2]，聚集了波士顿证券交易所、费城证券交易所[3]、辛辛那提证券交易所等区域性交易市场[4]。截至 2020 年，湾区内主要全球证券市场股票规模约为 55.9 万亿美元[5]。在

---

[1]　数据来源于美国 FFIEC、FINRA 以及 Department of Financial Service 的官方网站。
[2]　2008 年被纽约证券交易所（NYSE Euronext）收购成为 NYSE MKT。
[3]　纳斯达克于 2008 年收购费城交易所和波士顿交易所。
[4]　辛辛那提交易所由辛辛那提商人成立，1995 年将其总部搬到芝加哥，2003 年更名为国家证券交易所 NSX，2006 年将总部迁往新泽西。根据纽约都市圈的定义，包括部分新泽西以及部分宾州的城市。
[5]　数据来源：Wind 数据库。包括 NYSE、NASDAQ、AMEX 三家主要交易所。

2020年福布斯美国400富人榜上，纽约州上榜73人，其中32人来自金融服务业，掌控了1902亿美元的资产。

（二）旧金山湾区：完善的创新资本生态体系

旧金山湾区是创新湾区。以硅谷为代表的旧金山湾区有着全世界最具活力的高科技产业，在这个面积约为19000平方千米的小区域里，诺贝尔奖获得者总数达到50多名[①]，估值超过10亿美元的科技公司超过150家[②]，凭借全美不到1%的人口，创造了全美超过5%的GDP[③]。依托发达的高科技产业，旧金山湾区形成了以风险投资为特色的创新资本生态体系。据全美风险投资协会统计，2018年硅谷的风险投资金额为654亿美元，占全美风险投资总额的34.7%，活跃投资者占全美风险投资者的43%。湾区内IT行业集中优势突出，在2017年福布斯美国400富人榜上，加州共93名富人上榜，占比约1/4。IT领域贡献了35名富人，是加州上榜富人的60%，总身家3760亿美元。

（三）东京湾区：从产业资本中心到自由资本中心的转变

东京湾区是产业湾区。第二次世界大战后，东京湾区紧紧围绕着"经济中心"的发展战略，依靠天然的自然海港资源发展运输业和制造业。资本也通过政府主导的主银行体制以低利率方式向规划产业倾斜，有效地将居民存款转化为产业资本，促进了湾区内产业的快速增长。随着时间的推移，这种一定程度上受行政控制的资本无法得到相应回报，金融机构相关问题也逐步显露出来[④]。20世纪90年代后，日本政府实施"金融大爆炸"，以开放金融市场和发展直接融资来提升东京湾区的金融机构综合实力，开启湾区自由资本中心之路。在此期间，企业债从"有担保"向"无

---

① 这个诺贝尔奖的数量比美国之外的任何国家都多。
② 其中包括苹果、谷歌和Facebook等众多明星科技企业。
③ 陈凌霄：硅谷科技创新的资本路径[J]，科技与创新，2017（14）：26~28页，30页。
④ 主要指银行。

担保"形式转化,债券衍生品市场迅速发展,建立了场外市场和面向中小新兴企业的专门板块,使东京证券交易所成为世界上重要的交易场所之一。

二、世界三大一流湾区资本形成的历史特点

(一)产业不断升级

三大湾区都历经或正在经历港口经济→工业经济→服务经济→创新经济的升级路径。20世纪70年代以来,纽约湾区的金融、律师等服务产业快速发展,制造业向周边迁移同时以电子通信等代表的技术密集型产业快速发展,以纳斯达克为代表的服务于新型企业的融资场所迅速崛起①。在旧金山湾区,硅谷由军工电子、半导体计算机硬件行业向软件互联网、生物新能源、人工智能等产业转型,大量风险投资在旧金山湾区扎根。受70年代石油危机影响,东京湾区产业由化学工业向汽车、电子和电器工业转变,中心区向精密机械、软件业、金融和信息产业转变。20世纪90年代以后,依赖传统银行贷款方式的局限开始显现,日本进行金融改革并逐步放开市场,债券和股票市场得到巨大发展。

产业是资本形成的基础,产业不断升级加速了储蓄向投资的转化。整体来看,三大湾区制造业与金融业发展均衡,纽约的制造业产值占全美的1/3,东京的工业产值占全日本的3/4,旧金山湾区的高科技产业处于全球领先。制造业与金融业各司其职,使得企业可以专注于主营业务,将融资服务转移至第三方专业机构从而提升效率。

(二)直接融资占比日益提高

直接融资市场可为企业提供更加长效的融资渠道。从上市公司市值与

---

① 宋湘燕,李文政:纽约国际金融中心的资源配置[J],中国金融,2015(18):22~23页。

私人部门信贷占比来看,根据 Wind 数据库 1975—2018 年数据(见图 3-1),1991 年后美国全部上市公司总市值与对私人部门信贷总额的占比均大于 0.5,1999 年达到峰值,2008 年受金融危机影响下降后又呈上升趋势。日本的上市公司市值与私人部门信贷占比并没有像美国的情况那么明显,但是占比超过 1/2 的年份也将近 30%,而占比超过 1/3 的年份将近 70%。

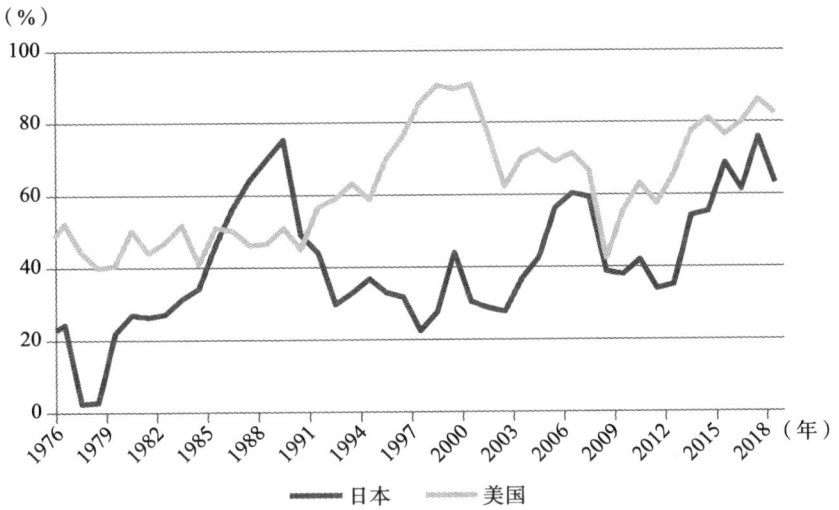

图 3-1　1975—2018 年美国和日本上市公司总市值/对私人部门信贷总额

资料来源:Wind 数据库,世界银行统计数据。

从三大湾区主要交易所的 IPO 情况来看(见表 3-1),1920 年前在纽约几个重要交易所上市的企业寥寥无几。1920 年以后股市逐步成为企业融资的重要渠道。1980—1999 年 IPO 企业数量是上一期间的 6 倍,21 世纪之后的 IPO 企业数量(3451 家)较上一时期(1193 家)则翻了两番。东京证券交易所在 80 年代后 IPO 企业数量也在逐步增多,2020 年高达 82 家 IPO(见图 3-2)。

表 3-1　纽约湾区主要交易所历史 IPO 企业数量（家）[①]

时间	纽约证券交易所（NYSE）	纳斯达克（NASDAQ）	美国证券交易所（AMEX）
1920 年以前	5	1	0
1920—1949 年	61	4	0
1950—1979 年	158	30	5
1980—1999 年	480	675	38
2000—2020 年	1323	2422	154

注：表格是根据 Wind 数据库可获得的数据制成，NYSE 可追溯至 1912 年，NASDAQ 可追溯至 1919 年，AMEX 可追溯至 1954 年。早期数据可能不全，但从阶段性的数据可以大体判断上市的趋势。

资料来源：Wind 数据库。

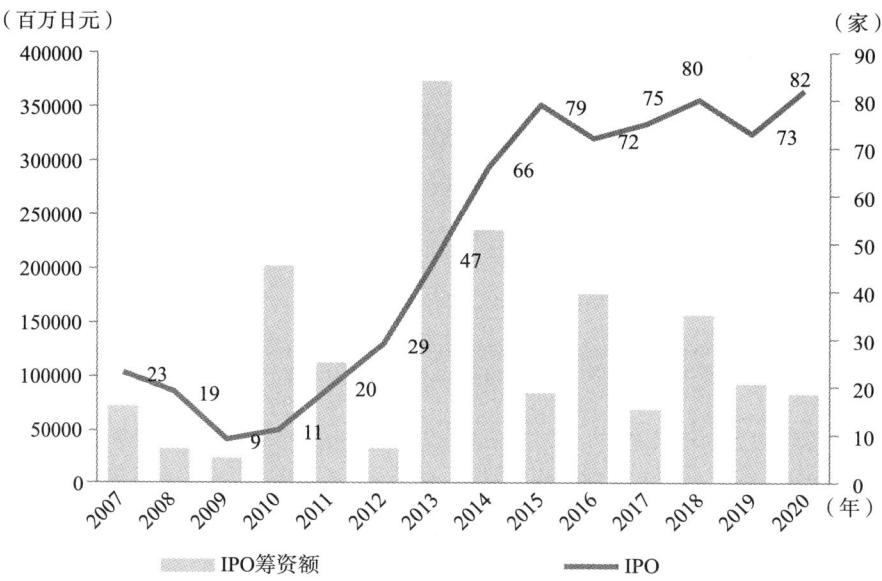

图 3-2　2007—2020 年东京证券交易所 IPO 数量与筹资情况

资料来源：Wind 数据库。

（三）投融资方面与时俱进

在发展过程中，三大湾区的投资需求日益增强，加速了资金向湾区集聚，形成了资本流动与地区经济增长的良性循环。主要表现为以下几个特征：一是在区域发展初期，政府通过基础设施的投入改善落后区域的投资环境，引导和刺激民间投资。如纽约湾区最早的规划可追溯至 1811 年的委员计划，它开启了曼哈顿地区乃至纽约大都市区规划建设道路，不仅解决了因移民潮带来的一系列交通与就业问题，同时也刺激了当地经济，吸引了外来投资。旧金山区域政府对旧金山—奥克兰海湾大桥（San Francisco – Oakland Bay Bridge）和金门大桥（Golden Gate Bridge）两项工程的支持给处于经济大萧条时期的旧金山带来了大量的工作机会。第二次世界大战期间，联邦政府通过湾区内的各式战争合同，促进了旧金山湾区船只制造业和港口运输业的繁荣与投资需求。东京湾区在第二次世界大战后顺应国家战略，在政府的领导下大力发展基础制造业并盘活当地经济与投资。二是随着地区经济及人均 GDP 的提升，金融性投资需求增加。例如，技术时代背景下，旧金山湾区诞生了一批财富新贵，他们不满足于传统的固定收益投资，希望通过新的金融投资的方式使财富增值，如手续费低但收益率较好的机器人投资。再如，经历了经济高速增长时期的日本老人期望通过稳健的投资方式使自己的财富能够传承下去，对养老金的投资需求日益凸显。三是在国内市场趋于饱和时，政府通过出台对外开放和优惠政策增加国际投融资需求。日本于 20 世纪 90 年代进行金融改革，通过开放市场使得债券和股票市场得到巨大发展。美国国会于 1978 年颁布《国际银行法》，逐步允许外国银行享受国内银行同等待遇，直接带动境内国际投融资需求增长。在美国，外资银行资产占银行业总资产近四分之一，而纽约更是美国乃至全球外资银行最集中的城市，聚集了 49 个国家/地区的 187 家外资银行的分支机构。

（四）资本市场生态体系不断完善

资本市场生态体系是由场内的交易所、场外的私募投资以及各类中介机构组成。完善的资本生态体系可以让投资人或者融资方根据需求来选择不同风险、期限和利率的融资组合以降低成本，提高投资转化为资本的效率。

纽约湾区自1790年的费城交易所建立以来，历经数百年发展，逐步形成了层次分明、定位不同的市场体系，满足了不同企业不同筹资规模的需求（如表3－2所示）。目前，纽约湾区已形成以纽交所、纳斯达克、美国证券交易所为第一梯队的全球或全国性交易市场，以费城、波士顿交易所等组成的区域性交易所，以及以粉单市场、OTCBB等代表的场外市场共同组成的多层次市场体系（如图3－4所示）。

表3－2　　　　　　　　　纽约湾区资本市场发展概要

年份	发展状况
1790年	费城经纪人组成美国第一个证券交易所——费城交易所
1792年	纽约商人约定"梧桐树协议"，模仿费城交易所组织形式成立"纽约股票与交易委员会"（纽交所前身）
1968年	美国证券商协创建"全美证券商协会自动报价系统"（NASDAQ）解决场外交易市场（OTC）分割问题，次年2月正式启动该交易系统
1975年	NASDAQ提出上市标准，规定只有在其上市的股票才可以系统报价，切断了与其他OTC股票市场的联系，成为独立上市场所
1982—1986年	NASDAQ将系统中的高市值股票同其他小型股票分开，组建了全美市场和NASDAQ小型资本市场
1911年	粉单市场成立，主要收集全美的场外交易市场证券报价。1999年引入电子报价服务提高了OTC市场交易效率。2006年更名
1990年	NASDAQ设立场外交易市场行情公告板（OTCBB），是美国主要小额证券市场之一，接受不能满足交易所或NASDAQ上市标准的股票或NASDAQ退市的证券
2006年	NASDAQ从原有全国性市场中选出具有规模和影响力的公司，组成标准最高的全球精选市场，剩余的全国性公司组成全球市场，原有的小型资本市场改名为NASDAQ资本市场

资料来源：刘岩，丁宁：《美、日多层次资本市场的发展、现状与启示》。

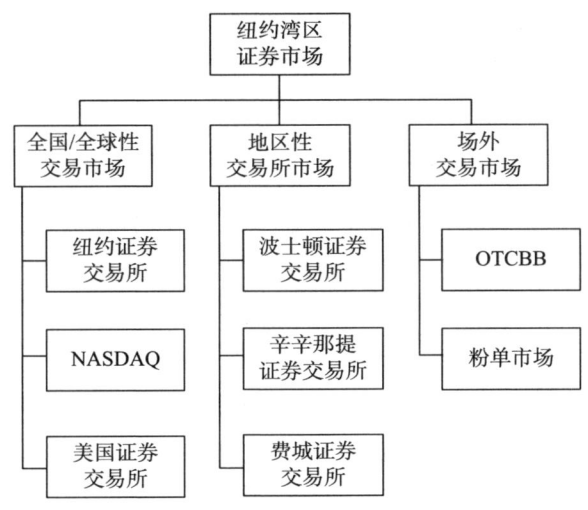

图 3-3 纽约湾区多层次资本市场结构

资料来源：作者整理。

东京湾区以东京证券交易所为核心，在多次并购重组的浪潮中不断发展，也形成覆盖场内以及场外大中小创新型企业的多层次市场，东交所具体包括市场一部（主板，1949 年设立）、市场二部（中小板，1961 年设立）、MOTHERS（新兴成长企业，1999 年设立）、JASDAQ（大中小企业并存的市场，1976 年设立 2010 年内部分层）、TOKYO PRO Market（面向全球的高增长市场，2009 年设立）[1]。

围绕着科技创新型企业，旧金山湾区逐步发展出覆盖企业发展全周期的风险投资产业链（包括天使投资、PE/VC），以及以服务创新型企业为主的科技银行体系。以成立于 1983 年的硅谷银行为例，1993 年硅谷银行通过采用"贷款+认股权证"形式为创业企业提供低成本的长期资本。2012 年，硅谷银行为风险资本以及创业企业提供了 26 亿美元的贷款，共为 3 万多家科技企业以及 550 多家风险投资和私募基金提供了服务支持[2]。此外，旧金山湾区的风险资本还与纽约湾区多层次资本市场对接，打通了

---

[1] 曹晴，陈娟：日本证券交易所的内部分层特点和演变历程，深交所研究简报，2014（2）。
[2] 王伟，朱青：硅谷的投融资环境与投融资模式研究［J］，对外经贸，2012（4）：46~48 页。

风险资本退出的渠道,形成了资本的良性循环。

在不断发展过程中,三大湾区还逐步形成了发达的证券经营服务机构、知识产权、会计师、律师事务所、孵化器公司、信用评级机构、资产担保等第三方机构,为企业直接融资提供了全生命周期、全风险维度、高效率的服务。据统计,全美排名前六的会计公司有四家总部在纽约①,全球排名前十位的投资银行的总部或者主要办公地点都设在纽约;大量世界知名的会计师事务所和律所都在东京设有办公室;旧金山湾区拥有美国排名前十的4家孵化器公司②。

(五)机构投资者占比提高以及外资内用特征明显

机构投资者将分散的居民资金汇集到一起,提供更加专业的投资渠道,提升投资者议价能力,实现大小投资者利益共享,降低储蓄转化为投资的成本,有利资本的高效形成。美国机构投资者兴起于20世纪30年代,70年代后随着《联邦现代化法案》(Q条例)的发布得到快速发展③,在80年代中后期机构投资者达到34%,90年代末达到48%。据统计,90年代初期的机构投资者数量达到13000多家,平均持股比例大多在50%以上。1995年的机构投资者投资总量较1990年翻了一倍④。据日本央行统计,在日本,机构投资者(包括储蓄公司、公共养老金以及保险)自2005年起占比均在70%以上,是市场投资者的中坚力量。

此外,国际投资者对应的外部资金是补充当地资本不足的重要方式。外部资金一般通过银行或者证券两类渠道进入湾区。在纽约,外资银行总存款额占纽约银行总存款比例从1980年的30%左右上升至2006年的

---

①②国世平:粤港澳大湾区规划和全球定位,2018。

③ 美国Q条例对商业银行存款利率进行限制,促进了保险、信托、投资公司、基金等非银金融行业的发展和机构投资方式的扩张。

④ 姚会元,孙玲:美国机构投资者发展的解析与启示[J],广东金融学院学报,2006(4):85~92页。

81.2%①。在日本，海外投资者占比从 2005 年的 5.03% 上升至 2018 年的 18.76%（见图 3-4）②。

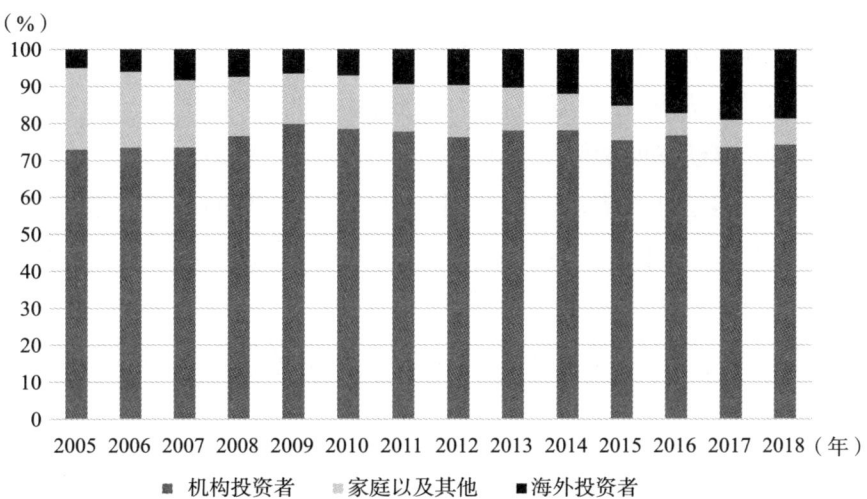

图 3-4　日本股票市场投资者持有量变化（2005—2018 年）

资料来源：Flow of Funds Account Statistics（the FFA）。

（六）湾区资本市场的广度和深度不断拓展

三大湾区产品多样、层次丰富，为投资者带来更多选择。资本市场通过一级市场金融产品的发行筹资、二级市场金融产品的流动来实现资源优化配置。投资者通过有效的市场信息，选择投资成长性好、盈利潜力大的金融产品，保证了资源的有效利用。

三大湾区交易所产品从基本的股票固收产品逐步发展为目前覆盖股

---

① 该数据来源于苏立峰的《全球金融中心演进规律的实证研究》，源数据来源于 FFIEC，其中外资银行的统计口径包括外国银行的子行、分行、代理行和有外国实体持股 25% 以上的国内银行。
② 本书根据日本央行"Flow of Funds Account Statistics"对日本的投资者情况进行统计，其中统计的比例是将央行投资除外的其他投资者进行比较。图中的机构投资者包括储蓄公司、公共养老金以及保险。

票、基金、固定收益、衍生品等全方位的产品体系①。纽交所和纳斯达克交易所衍生品的种类覆盖了 ETF 期权、个股期权、指数期权期货、外汇期权期货、商品期权期货、权证、非标衍生品等。其中纳斯达克交易所还提供天然气、碳排放市场、原油、铁矿石等期货，以及私募股权。东京交易所的衍生品除了常规的个股期权、指数期权期货、权证等产品外，还有 REITS 期货、波动率期货等。

场外产品也迅速发展。美国共同基金从 1945 年的 68 只，总规模 8.82 亿美元发展到 2018 年 7 月的 7941 只，总净资产规模超 19 万亿美元。美国 ETF 基金从 2003 年的 123 只到 2018 年的 1923 只（见图 3-5），总资产达 3.61 万亿美元，其中，绝大多数场内 ETF 基金都是在纽约湾区的纽约和纳斯达克交易所上市。

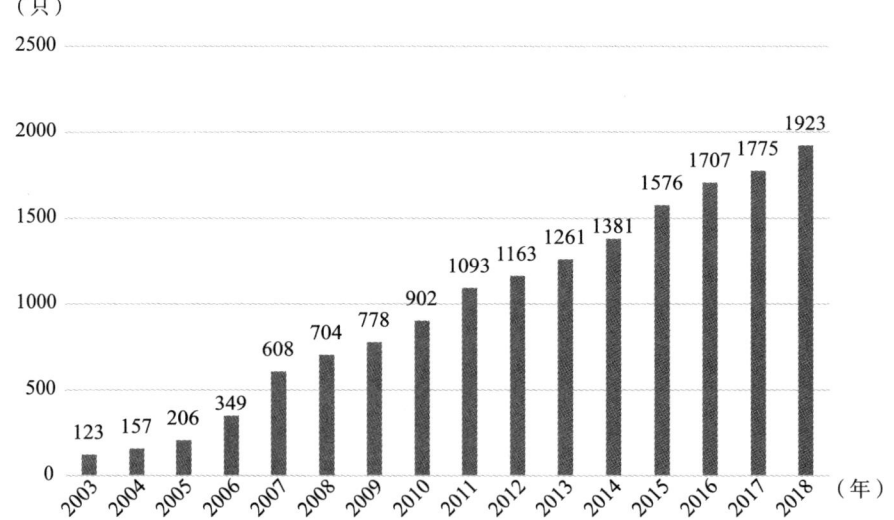

图 3-5　2003—2016 年美国 ETF 基金数量统计

资料来源：Statista 和美国投资公司协会 ICI 网站。

---

① 《什么是一流证券交易所？——交易所的国际竞争力研究》，深圳证券交易所内部研究报告，2018。

（七）创新资本形成能力是抢占新一轮制高点的关键

2008年国际金融危机以来，发达国家率先启动新一轮经济结构调整，掀起了一场抢占未来产业革命制高点的竞赛。10年前，全球市值前十大上市公司主要是能源巨头和银行金融机构，如今，互联网高科技企业占据7席。坚持创新驱动、促进内生增长、提升发展质量已成为国际共识。

全球科技创新角逐的背后，是各国创新资本形成效率的竞争。资本市场是现代经济体系中最核心、最活跃的因素，是风险分散、利益共享的主渠道，能够适应科技创新周期长、投入大、不确定性高等特点，激励更多人才投身其中。交易所以及私募股权市场又是创新资本形成的核心力量，它们对高新企业的支持力度是衡量创新资本形成的重要标准。20世纪70年代以来，美国旧金山湾区硅谷创新资本力量和纽约湾区纳斯达克市场的崛起，造就了微软、谷歌、苹果、IBM等一批高科技企业，支撑了美国经济的持续发展。

目前，三大湾区的主要交易所中NASDAQ、AMEX以及东京证券交易所高新行业企业数量占比均超过半数，NASDAQ与东证的高新行业企业总市值占比分别高达84.41%和53.88%（见表3-3）。以旧金山湾区为代表的西海岸地区在2018年第二季度私募风险投资数量达751起，总额达169.13亿美元，分别占全美风险投资数量的42%以及投资总额的62%，其中大部分投资进入了软件、生物制药等高新行业[①]。

表3-3　三大湾区主要交易所高新行业企业占比情况概览

项目	纳斯达克（NASDAQ）	纽交所（NYSE）	美交所（AMEX）	东证
高新行业企业家数占比（%）	60.61	38.88	58.19	56.20
高新行业总市值占比（%）	84.41	41.02	25.41	53.88

资料来源：Wind数据库，截至2018年5月20日。

---

① 数据来源于美国风险投资协会 NVCA。

三、粤、港、澳三地资本形成的历史进程

(一) 香港：从港口经济主导蜕变成为国际金融中心

香港开埠后便被定位为沟通中西的"自由贸易港"，香港早期的集资及金融活动大多与转口贸易有关。自20世纪50年代起，香港的港口贸易融资逐渐转向迅速兴起的工业和房地产行业。20世纪60年代末、70年代初，香港金融市场由封闭逐渐走向开放，产业结构发生根本性改变，逐渐成为全球资源配置的核心地点。随着香港经济的起飞，股票市场蓬勃发展，交易所行业、企业集资、投资、股票经纪等空间逐渐放开，吸引了外资银行和跨国金融机构大举涌入，香港逐步从一个区域性国际金融中心演变成世界级的金融中心（见图3-6、图3-7）。

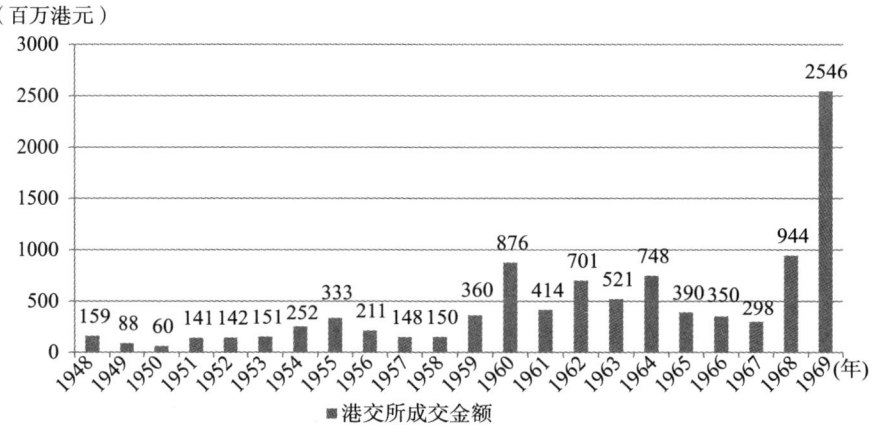

图3-6 香港证券交易所年度成交额（1948—1969年）

资料来源：香港证券交易所。

根据第29期"全球金融中心指数"的综合评分，香港在十大全球金融中心中排名第四，仅次于纽约、伦敦和上海。并且，香港资本市场的制度调整灵活。近期，香港交易所修改了相关上市规则，便利新兴产业及创

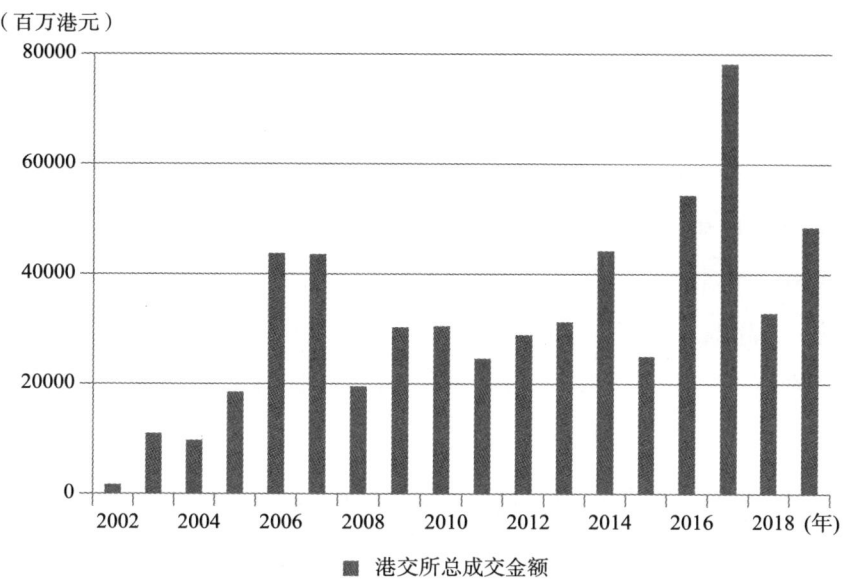

图 3-7 香港证券交易所年度成交额（2002—2019 年）

资料来源：Wind 数据库。

新型公司赴港上市，有助于香港继续发挥我国内地与世界"超级联系人"的作用，促进跨境资本形成。

随着内地金融市场不断成熟、开放以及新加坡、伦敦等离岸人民币交易中心快速兴起，香港金融市场近年来也面临一定竞争与挑战。2018年4月30日起，港交所允许未能通过主板财务资格测试的生物科技公司上市；允许"同股不同权"的公司上市；允许为寻求在香港作第二上市地的中资及国际公司设立新的第二上市渠道。这一香港25年来最大上市制度的改革，顺应了企业创新和中国经济转型的市场需求，有效缓解了新兴企业的资金缺口。未来将持续增加港股新经济比重，激发资本市场新活力，提升香港作为环球金融中心的竞争力。

（二）广东九城：由制造业中心到科技创新中心

20 世纪 80 年代开始，香港制造业开始向内地转移。内地的对外开放政策、广阔的地域空间、丰富的资源以及相对便宜的劳动力为承接香港产业转移创造了有利条件。珠江三角洲工业区紧邻香港，地理位置优越，承接了90%的香港制造业转移。

在粤港澳大湾区内，广东九城形成了深莞惠、广佛肇、珠中江三大经济圈，生产基地与硬件设施良好，制造业基础雄厚。从行业总产值排名来看，计算机、通信和其他电子设备制造业位于绝对的龙头地位；电气机械和器材制造业位列第二；纺织业、服装服饰业位列第三。近年来，人工智能、大数据、云计算等高新科技正在向制造业快速渗透，促进制造业向技术密集型的"智造业"转化，提升了制造业的附加值与竞争优势。

（三）澳门：从世界级旅游休闲中心到中葡金融服务平台

澳门经济以博彩业和旅游业为支撑，致力于建设成世界级旅游休闲中心。由于土地资源稀缺、经济规模有限，发展其他行业的能力相对不足，形成了博彩旅游业"一枝独秀"的产业结构短板。

金融产业方面，澳门的金融体系主要由银行和非银行金融机构组成，以银行业为主，保险业辅之。虽然金融体系结构较为单一，但对外开放程度很高。作为全球最开放的贸易和投资经济体之一，澳门与120多个国家和地区建立了稳定的经贸关系，是30个国际经济组织的成员，106项国际公约或多边条约适用于澳门，国际资产及国际负债在银行体系占比均超过80%，商业运作准则与国际惯例接轨，投资营商手续简便。

这些叠加优势为澳门开发特色金融产业奠定了制度基础。目前，澳门特区政府正致力于以中葡商贸服务平台为依托，发展特色金融产业，包括主要针对中国与葡语国家市场为主的融资租赁、中葡人民币清算和财富管理业务等。通过增强中国与葡语国家之间的金融合作，为澳门资本市场发展寻求新的契机。

四、粤、港、澳三地资本形成的优劣势分析

（一）香港：服务全球的国际金融中心，但面临产业空心化问题

20世纪80年代以来，由于逐渐失去劳动力成本优势，香港制造业发展快速下滑。在全球已经掀起高新技术产业浪潮的情形下[①]，香港政府、香港企业重视地产及金融发展，未充分注重和引导发展高新技术[②]，导致在科技创新上的长远投资不足，在传统制造业向内地转移后，没有新的更高技术层次、更高品质的产品填补。2019年，香港制造业占GDP比重仅为1.0%，产业空心化问题较严峻（见图3-8）。

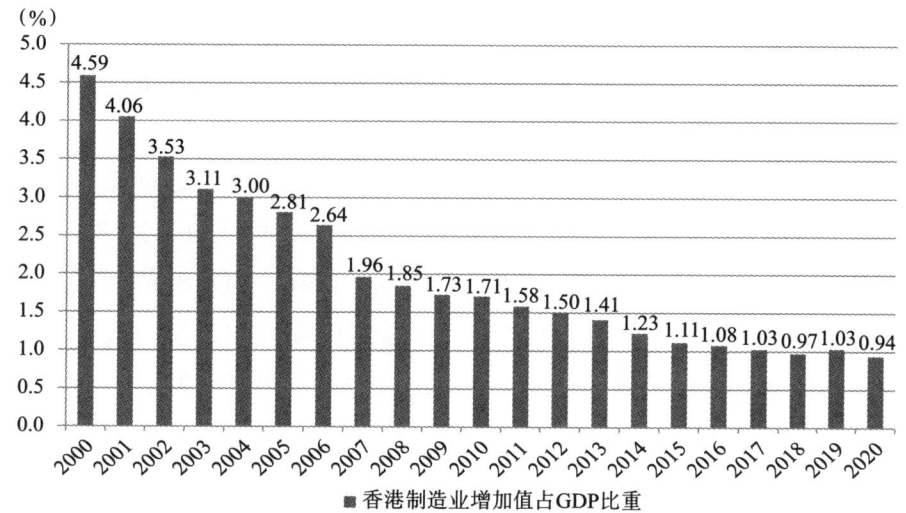

图3-8 香港制造业占GDP比重

资料来源：Wind数据库。

---

① 例如韩国的大德科学城，台湾的新竹科学工业园区，新加坡的肯特岗科技公司。
② 香港对教育科研的投入仅占本地生产总值的0.05%，远低于新加坡、韩国、日本等周边地区。新加坡每年投入发展高科技产业的经费都占生产总值的1.1%，韩国政府也一直从信贷方面大力支持三星等大型企业发展高科技产品。

但在金融尤其是国际金融领域,香港相对于内地仍然保持着优势地位。香港具备活跃及开放的金融市场,近年外国投资者占市场成交金额一直保持在 40% 左右。过去 6 年,香港股票市场 IPO 的累积总量超过 1.81 万亿港元。香港在银行、保险、基金及直接投资方面十分活跃,处于全球领先地位。全球 70% 百大银行在香港有业务,香港基金管理公司的资产总额在 2016 年达到 182930 亿港币。同时,香港是全球规模最大的离岸人民币业务中心和融资中心,为内地企业的国际化发展提供了金融融资服务。

(二)澳门:产业结构单一,近年特色金融活力显现

澳门地区资本形成的优势主要体现在以下四个方面:第一,地理条件较为优越,背靠珠三角,面向香港与台湾,招商引资竞争力强。第二,澳门在回归后政治环境稳定。第三,澳门拥有自由开放的经济制度,资金可自由进出。特区政府一直鼓励外商投资,为吸引外资出台了一系列的投资优惠政策。第四,澳门与香港两地市场联系紧密,许多优质澳门企业选择赴港上市,利用香港成熟的资本市场进行融资。

但澳门经济面临产业结构不平衡、发展空间局促、人力资源不足等短板。产业结构方面,博彩业占澳门 GDP 约 50%,占财政收入达 70% 以上。澳门金融市场对香港的依赖程度较高,外汇、证券、期货、黄金等证券交易都通过香港市场进行。为了实现澳门经济适度多元化,澳门政府近年来努力发展特色金融,通过建立以人民币计价的证券市场、发展融资租赁服务、打造绿色金融平台、财富管理平台、中葡金融服务等平台,为澳门当地的中小企业赢得了越来越多的市场机会,并有助于全面提升澳门的国际影响力和资本形成效率。

(三)广东:产业发达,但资本市场的市场化、国际化程度不及香港

从经济总量看,广东早在 2003 年已赶超香港 GDP 总量。产业结构方面,广东省的金融业占第三产业比重、金融业占 GDP 比重亦呈现明显的上升趋势。金融生态方面,广东省现有证券公司 29 家,证券服务中介较活

跃，地方政府和企业利用资本市场意识较高，地方金融生态环境良好。截至 2021 年 7 月 8 日，广东省共有 725 家上市公司，其中在深交所上市公司 591 家，在上交所上市 134 家。然而，在制度体制方面，与香港相比，广东金融体系在市场化、国际化与制度包容性、适应性等方面都仍有不足。金融市场仍有进一步开放空间，国际资本流动仍然受到一定限制，境外投资者占比相对较低。资本市场方面，在证监会统一领导下进行以注册制为主导的全面深化改革，发行、上市、退市与监管制度等方面的市场化程度将得到进一步提升。

五、证券交易所在四大湾区发展演化中的作用

交易所作为市场经济的重要组成部分，发挥着促进资本形成、发现价格、管理风险、配置资源等重要功能。同时，股份公司、公司治理体系、信息披露、股权激励机制等核心制度机制的构建，对于推动资本社会化、激发企业家精神、培育创新动能、强化诚信契约精神具有不可替代的作用。

（一）支撑区域整体崛起

经济发达地区的一个共同基本特征，是拥有一个以交易所为核心的强大的资本市场，利用市场供需决定资源配置，合理分配生产要素，提升价值创造的有效性。交易所是湾区资本形成中的核心枢纽，对湾区整体崛起起到关键作用。

在美国，纽约湾区和旧金山硅谷等地的崛起和发展过程中的每一个阶段，交易所都发挥了至关重要的作用。从《梧桐树协议》的签订开始，到美国伊利运河的修建，从铁路的兴起到南北战争，从 20 世纪初的美国重工业化到第二次世界大战后美国的迅速崛起，以纽交所为代表的美国资本市场满足了美国经济发展的巨大融资需求。而巨大的融资需求，也助力纽约成为当今世界最大的经济中心之一。1971 年纳斯达克交易所成立，为高

科技、高成长企业的发展提供源源不断的资金支持,促进了高科技技术与资本的有机融合,美国硅谷也因此崛起,成为引领世界科技革命和技术创新的风向标。

(二) 汇聚海量金融和企业资源

交易所具有强大的资金动员能力,能够汇聚大量上市公司、金融机构、金融人才、金融信息。在集聚金融资源的基础上,产生巨大的金融辐射效应,促进资本积累,帮助区域内企业筹集所需资金,推动经济增长。

在纽约湾区,以纽交所为中心,在不足 1 平方公里的华尔街金融区内,聚集了 3000 多家银行、保险、交易所等金融机构。发达的金融产业,极大地推动了纽约总部经济的发展,纽约街头的摩天大楼里,聚集了全美 1/3 的世界 500 强公司。东京湾区拥有日本最大的东京证券交易所,承载了日本全国证券交易量的 80%,依托东京证券交易所的资本形成能力,东京周边聚集了 50 多家世界 500 强企业,这些世界 500 强企业,绝大多数都是在东京证券交易所上市的。

在粤港澳湾区,深圳创新资本和创投生态以深交所为核心得到有效融合,促进了资本形成、流动和循环。在深市的积极引导下,深圳造就了超过 5000 家活跃的创投机构,管理资产规模达 1.5 万亿元,投资项目 7200 多个。2020 年,深圳辖区 23 家证券公司总资产 2.22 万亿元,营业收入 1104 亿元,净利润 414 亿元,居全国第一。完备的资本投资机制以及相配套的服务体系,加速了科技成果向现实生产力的转化,2020 年深圳国家高新技术企业数量首次突破 1.5 万家。

香港以港交所为核心,通过高效的金融基础设施和稳健的监管制度,不仅吸引了大量的海内外资金,更汇聚了大量会计、法律及其他金融服务专业人才。2020 年首次公开招股集资额位列全球第二,达 4002 亿港元,为 2010 年以来最高。①伴随沪港通、深港通和债券通的陆续开通和平稳运

---

① 港交所 2020 年业绩报告。

行，港交所成为连接内地与全球市场的纽带与桥梁，进一步加强了香港作为"超级联系人"的独特地位。

（三）为湾区企业发展筹集大量资金

从美国的情况看，以硅谷为代表，交易所市场联合天使投资、风险投资等形式，形成全过程、多层次融资支持和服务体系，推动了科技与资本有机结合，催生了微软、苹果、谷歌、亚马逊、脸书等世界级科技企业。以谷歌为例，2004年8月在纳斯达克上市后，发行价85美元，筹资16.7亿美元，随后进行了两轮再融资，募集约62亿美元。正是依托交易所市场，谷歌开展了大量并购活动，业务涵盖互联网搜索、云计算、移动设备、人工智能等各个领域，市值超过5万亿人民币。

从我国的情况看，广东省有效利用了交易所发展带来的"地利"。目前广东在深交所上市公司591家（在上交所上市134家），大幅超过第二名浙江（见图3-4）。深交所债券市场同样为在粤科技创新企业提供了稳定的融资渠道。例如，深圳创新投作为国内大型投资企业集团，首期发行创新创业公司债5亿元，期限5年，年利率5.20%，低于同期债券市场平均发行利率。

表3-4　深交所上市前二十大企业所在地区分布情况表

所属区域	上市公司数量（家）	市值占比（%）	市值总额（十亿元）	所属区域	上市公司数量（家）	市值占比（%）	市值总额（十亿元）
广东	591	28.32	10536.0	河南	57	2.70	1003.6
浙江	286	10.27	3821.9	湖北	69	2.11	783.5
北京	197	7.56	2811.6	云南	23	2.06	765.3
江苏	262	7.39	2747.8	重庆	27	1.84	686.3
四川	90	5.87	2182.4	河北	41	1.48	550.0
福建	92	5.39	2005.9	江西	32	1.26	468.8
山东	147	4.32	1606.5	吉林	28	1.04	387.9
上海	91	3.98	1479.4	天津	30	1.04	385.5
湖南	80	3.59	1334.1	陕西	30	0.98	364.7

资料来源：Wind数据库，截至2021年7月8日。

香港凭借自身地理优势和高度专业化、国际化的投资环境，一直稳居全球领先的证券市场。自 2002 年以来，港交所上市公司市值增长 1259%，达 53.33 万亿港元。在其中，北京、广东和香港三地构成了港交所上市公司的主体。统计显示，这三地在港交所上市公司 1810 家，总市值为 49.58 万亿元（见表 3–5）。

表 3–5　　港交所上市企业前二十大所在地区分布情况

所属区域	上市公司数量（家）	市值占比（%）	市值总额（十亿元）	所属区域	上市公司数量（家）	市值占比（%）	市值总额（十亿元）
北京	204	29.54	21926.5	安徽	13	0.82	605.8
广东	244	18.75	13917.0	辽宁	14	0.56	417.5
香港	1362	18.51	13740.1	江西	13	0.52	385.4
浙江	74	9.15	6789.2	河南	26	0.49	366.0
上海	144	7.27	5392.8	内蒙古	7	0.33	241.2
江苏	84	2.89	2147.7	新疆	8	0.28	210.9
山东	43	1.75	1297.4	湖南	6	0.23	168.2
福建	51	1.68	1244.2	重庆	10	0.23	168.2
天津	14	1.26	936.4	四川	31	0.22	165.6

资料来源：Wind 数据库，截至 2021 年 7 月 8 日。

（四）推动区域社会进步

交易所平台健全了要素市场，也使以创造价值为导向的股权文化深入人心。400 多年来，交易所市场实现了投资的大众化，既给广大投资者提供了分享经济增长成果的机会，也为广大投资者参与公司治理提供了条件。马克思说："资本主义的股份企业，也和合作工厂一样，应当被看作是资本主义生产方式转化为联合的生产方式的过渡形式""股份制是作为私人财产的资本在资本主义生产方式本身范围内的扬弃"。

让市场在资源配置中发挥决定性作用，是近代以来区域经济发展的力量源泉。回顾深圳的改革探索过程，深圳交易所成立和股份制改造吸引了大量资金涌入深圳，推动大量企业改制上市，奠定了深圳作为区域金融中心的基础。另外，交易所价格发现、资源配置、信息披露、风险管理、法人治理等制度机制，推动了公开、公平、公正的"三公"原则的执行，规则意识、契约精神在深圳乃至广东落地生根，迸发出蓬勃的市场活力，塑造了珠三角商业文明的精神和风骨。

（五）落实国家战略、实施产业政策的重要平台

19世纪中期，美国为支撑北方打赢南北战争，形成统一市场，纽交所发行了大量战争债券。19世纪70年代至20世纪初，美国推动重工业化正是依托以纽交所为核心的华尔街的融资，美国钢铁、化工、石油、汽车、电气等产业通过并购成功做大做强，支撑美国迈入世界经济霸权的行列。20世纪70年代以来，金融衍生品大发展强化了美元作为世界货币的地位。

20世纪90年代，东交所在日本产业发展和金融体制改革中也发挥了重要作用。正是依靠东交所债券、股票市场为核心的直接融资市场的支持，日本政府才能顺利实施"金融大爆炸"，开启湾区自由资本中心之路。

在中国，证券交易所设立的最初战略目标，就是为国企改革服务，建立现代企业制度，解决政企不分等制度性问题。截至2000年初，由政府和国有企业绝对控股的上市公司占70%以上。当前，作为金融体系的核心枢纽平台，交易所市场最重要的战略目标是服务实体经济。深交所多年来致力于服务国家经济转型和创新驱动战略，注重支持科技企业和中小企业。通过强化中小企业板和创业板建设，高新技术企业和成长性企业构成了深交所上市公司的主体。截至2020年上半年，深交所2455家上市公司中，高新技术企业共有1809家，占比超过70%。当前，要将粤港澳大湾区打造成国际科技创新中心、转型升级示范区、世界先进制造业基地。立足这一创新腹地，对标国家和广东的区域经济发展战略，深交所提出了打造创新资本形成中心，努力成为广东实施产业结构升级、创新驱动发展、建设现代经济体系的战略平台。相较之下，港交所则可以通过发挥作为国际金融中心的独特优势，基于成熟的规则体系与互联互通的创新制度，担

任国内企业国际化布局的融资中心,通过加强与内地资本市场的深度融合,提升国内企业运作水准,推动湾区内部企业创新和内地经济转型。

第二节　资本形成机制:世界四大湾区比较研究

良好的资本形成机制直接影响经济资源的配置效率,决定了区域经济发展的质量。通过对比粤港澳大湾区与世界三大一流湾区的资本形成机制,深入探究粤港澳大湾区资本形成机制与其他湾区的共性与差异,了解存在的差距。

一、四大湾区经济发展情况比较

资本形成能力与经济基础发展程度等因素密切相关。资本形成能够促进经济发展,改善基础设施,反过来,一个地区的基础条件,如区位、人口、产业等,也会对资本形成的规模和质量产生重要影响。

纽约湾区涵盖纽约州、康涅狄格州和新泽西州31个县,面积2.15万平方公里,2340万人,2017年GDP约1.7万亿美元,占全国的8.8%,GDP增速3.3%,人均GDP为7.1万美元,拥有22家世界500强企业总部,主要以金融和制药企业为主。对外贸易周转额占全美的1/5,制造企业产值占全美的1/3,拥有全球市值第一的纽约交易所和全球市值第二的纳斯达克交易所,金融保险业占比高达20%。有2900多家世界金融、证券、期货及保险和外贸总分机构设立于此。

旧金山湾区位于美国加利福尼亚州北部,主要由旧金山、奥克兰和圣何塞三大城市组成,涵盖12个县,面积1.79万平方公里,人口760多万,2017年实现GDP约0.8万亿美元,占全国的4%,GDP增速6.4%,人均GDP约10.9万美元,拥有28家世界500强企业和30多家私人创业基金机构,主要以互联网、电子科技等高新技术产业为主,有20余所高等院校和 5 所世界知名的研究型大学。

东京湾区由房总半岛和三浦半岛组成，涵盖 10 个城市，面积约 1.36 万平方公里，人口 3500 万，2016 年实现 GDP 约 1.8 万亿美元，占全国的 26.4%，GDP 增速 3.6%，人均 GDP 约 5.14 万美元，地均 0.48 亿美元，60 家世界 500 强企业的总部，地均 GDP 1.33 亿美元，以汽车、石化等制造业为主。湾区聚集着日本 1/3 的人口、1/3 的经济总量、40% 的工业产值。

从总体规模来看，粤港澳大湾区由"9+2"城市组成，即广州、佛山、肇庆、深圳、珠海、中山、江门、东莞、惠州 9 市和香港、澳门 2 个特别行政区。总面积 5.6 万平方公里，人口 6000 多万，2020 年实现 GDP 约 11.60 万亿元，占全国的 11.41%。粤港澳大湾区中香港和深圳的金融体系较为完备，高新技术产业比较有优势，广州、东莞、惠州、佛山等市制造业基础牢固，同时粤港澳大湾区港口群规模较为庞大，拥有香港港、广州港、深圳港三个世界级集装箱港口及虎门、惠州、汕头、珠海等地方港口。

与世界三大湾区比较，粤港澳大湾区无论是从经济规模总量、对外开放程度以及地理位置条件上都具备打造成世界级湾区的条件（见表 3-6）。

表 3-6　　　　　　　　四大湾区基础数据（2017 年）

指标	纽约湾区	旧金山湾区	东京湾区	粤港澳大湾区
面积（万平方公里）	2.15	1.79	1.36	5.65
人口（万人）	2340	760	3500	6672
城市数量（个）	25	12	10	11
人口密度（人/平方公里）	1088	424	2581	1180
GDP（万亿美元）	1.7	0.8	1.8	1.65
GDP 占全国比重（%）	8.8	4	26.4	12
人均 GDP（万美元）	7.1	10.9	5.14	2.47
GDP 增速（%）	3.3	6.4	3.6	7.5
港口集装箱吞吐量（万 TEU）	465	227	766	6520
世界 500 强企业总部数（个）	22	28	60	16

续表

指标	纽约湾区	旧金山湾区	东京湾区	粤港澳大湾区
第三产业比重（%）	89.4	82.8	82.3	62.2
机场旅客吞吐量（亿人次）	1.3	0.71	1.12	1.75

注：东京湾区的相关经济数据为2016年。

资料来源：作者整理；刘瞳：《粤港澳大湾区与世界主要湾区和国内主要城市群的比较研究——基于主成分分析法的测度》。

二、资本形成的储蓄基础比较

人均GDP是衡量地区经济发展水平的重要指标，能够客观反映地区收入水平状况，是资本形成能力的重要表现。人均GDP越低，资本形成潜力越小。

从储蓄基础看，相比其他三大湾区，粤港澳湾区的民间资本形成潜力相对不足。从经济规模总量上来说，粤港澳大湾区虽然已经比肩世界三大湾区，但粤港澳大湾区中的人均产值较低，目前粤港澳人均GDP仅有1.38万美元左右（其中广东地区人均GDP为1.2万美元，香港地区4.6万美元，澳门7.8万美元，粤港澳三地为1.38万美元，大湾区"9+2"平均约为2.4万美元），与世界顶级湾区相比仍存在较大差距（旧金山湾区的人均GDP为10.9万美元，纽约湾区为7.1万美元，东京湾区也超过5万美元），还不足旧金山湾的1/5。此外，地均GDP、世界500强企业以及创新资源等方面也还存在差距（见表3-7）。

表3-7　　　　　　　　　四大湾区人均GDP数据　　　　　　　　单位：美元

年份\地区	纽约	旧金山	东京	粤	港	澳
2002	60917	70185	61081	1856	24665	16703
2003	61018	71620	64932	2150	23940	18473
2004	62720	73123	72583	2521	24933	23281
2005	65318	76904	72611	2980	26642	25541

续表

地区\年份	纽约	旧金山	东京	粤	港	澳
2006	67249	80765	67515	3509	28226	29755
2007	68073	85071	65970	4346	30597	35212
2008	65711	85224	71223	5376	31501	38918
2009	65564	79699	75602	5772	30701	39905
2010	67433	80899	79373	6590	32554	52380
2011	67072	82651	88633	7823	35128	66867
2012	68562	84898	88138	8563	36723	75536
2013	68289	87565	73589	9468	38402	86680
2014	69146	91877	67563	10333	40308	89005
2015	70215	98643	58780	10876	42429	70712
2016	70314	103636	65269	11191	43742	70160
2017	71084	109143	63586	11971	46214	77596

资料来源：美国商务部经济调查分析局（BEA）、香港政府统计处、澳门政府统计、日本统计局、中国国家统计局，注：东京湾区 2015—2017 年数据为估算得到。

三、资本形成的投资需求比较

资本形成会受到投资需求的影响，因为只有足够的投资需求，才能推动储蓄向投资的转化，进而促进资本形成。经济发展速度反映了一个国家或地区的投资总需求，通常经济发展越快，各经济部门对投资的需求会更加旺盛。

对比四大湾区经济发展速度，粤港澳大湾区存在较为旺盛的资本形成需求。21 世纪初以来，粤港澳大湾区的 GDP 增速就始终保持着领先地位，远高于同期其他湾区的增速，这得益于中国近些年来的快速发展，尤其是广东作为改革开放前沿，经济活力旺盛，带动了港澳地区的发展；在其他三个国际湾区，旧金山湾区的经济发展速度最快，这与其主要发展高新技术产业、互联网企业有关，展现了新经济模式的强大动力，相比之下，东京湾区以传统产业为主，其经济发展相对平缓。四大湾区 GDP 增速情况见

表 3 – 8。

表 3 – 8　　　　　　　　　四大湾区 GDP 增速（%）

年份\地区	纽约	旧金山	东京	粤	港	澳
2002	1.79	-2.86	-0.95	12.15	-1.80	7.51
2003	2.39	2.37	1.06	17.35	-3.14	11.74
2004	5.85	3.46	3.02	19.06	4.80	29.19
2005	7.01	8.05	1.43	19.58	7.23	14.07
2006	5.79	7.61	6.44	17.87	6.46	22.16
2007	4.50	7.85	1.14	19.52	9.81	24.54
2008	-1.07	2.54	-3.02	15.80	3.44	13.83
2009	1.54	-5.25	-5.60	7.30	-2.83	2.21
2010	4.86	3.63	0.18	16.54	7.06	31.25
2011	1.90	5.11	2.16	15.64	8.90	30.79
2012	5.53	6.15	0.01	7.25	5.31	16.81
2013	2.63	6.15	1.47	9.47	4.97	19.79
2014	4.45	7.96	0.63	8.54	5.69	7.33
2015	4.90	10.33	1.95	7.38	6.12	-18.06
2016	2.74	6.78	1.35	11.05	3.86	0.01
2017	3.31	6.87	1.31	11.16	6.83	11.58

资料来源：Wind 数据库。

四、资本形成的效率比较

区域资本形成效率是指一个地区实现金融资源优化配置功能的程度，通常用资本边际产出率来衡量①，对比四大湾区的资本边际产出率，结论如下：

---

① 根据哈罗德 – 多马经济增长模型，资本形成效率的计算方法为，用各地区相应年份的实际 GDP 除以经投资价格指数调整后的固定资产投资，即资本边际产出率 = 实际 GDP/实际固定资产投资，其中实际固定资产投资 = 固定资产投资/固定资产投资价格指数。由于数据可获得性原因，本部分以美国的资本形成效率代替纽约湾区、旧金山湾区，该数值存在一定程度的低估，但其与粤港澳大湾区的对比分析结果仍有借鉴意义。

第一,美国的资本边际产出率一直比较稳定,一直维持在 4.5~5.0 之间,处于较高水平,考虑到纽约湾区、旧金山湾区的经济发展程度,这两个湾区的资本边际产出率应当大于 5。

第二,东京湾区资本边际产出率较高且表现平稳。2006—2017 年,东京湾区的边际产出率基本稳定在 7 左右,资本形成效率较高。东京湾区的边际产出率在四大湾区中处于最高水平,这与日本近年的金融改革有关,也与东京湾区发达的产业有关。东京是日本"工业大本营",是全球最先进、出口实力最强的新型工业地带,对资本尤其是固定资产的利用效率较高,能够将有限的金融资源配置给效益最好的企业、行业。相比之下,纽约、旧金山、香港等发达地区,主要以金融业、服务业为主,对固定资产需求较小,资本边际产出较高(见表 3-9)。

表 3-9　　　　　　　　　四大湾区资本边际产出率对比

年份 \ 国家和城市	美国	日本	中国	东京	粤	港	澳
2001	4.85	3.58	2.92	7.16	3.46	3.78	8.63
2002	4.89	3.78	2.79	7.28	3.51	4	8.72
2003	4.81	3.86	2.56	7.09	3.36	4.06	6.56
2004	4.60	3.95	2.48	6.71	3.43	4.27	6.02
2005	4.50	3.89	2.50	6.97	3.89	4.41	3.98
2006	4.49	3.93	2.54	6.98	4.09	4.41	3.19
2007	4.64	4.07	2.59	7.31	4.42	4.55	2.94
2008	4.95	4.19	2.50	7.27	4.62	4.58	3.57
2009	5.75	4.39	2.23	7.69	3.73	4.63	5.34
2010	5.39	4.65	2.21	7.65	3.76	4.59	8.03
2011	5.26	4.57	2.21	7.61	3.39	4.36	8.2
2012	4.99	4.48	2.21	7.58	3.18	4.16	7.45
2013	4.87	4.35	2.20	6.93	2.91	4.18	7.58
2014	4.80	4.24	2.23	6.86	2.66	4.3	5.46
2015	4.73	4.22	2.32	6.95	2.41	4.54	4.06
2016	4.84	4.22	2.34	7.04	2.46	4.65	4.57
2017	4.74	4.19	2.34	6.83	2.40	4.66	5.54

资料来源:Wind 数据库、《东京统计年鉴》和《广东统计年鉴》。注:由于缺乏东京地区的固定资产投资价格指数数据,此处采用现价 GDP/现价固定资本形成总额的比值作为资本边际产出率。

第三,近年广东地区资本边际产出率有下降趋势,且与东京等地区的差距逐渐拉大。在 2001—2008 年,广东资本边际产出率平稳上升,在 2008 年达到 4.62 的峰值后开始降低,2009—2016 年呈不断下降的趋势,到 2017 年仅为 2.40。其值与东京地区相比差距较大,且差距近年在不断扩大。金融危机之后,我国实施大规模的固定资产投资计划,其规模已经达到了阶段性临界值,一定程度上存在过度建设等问题,导致资本的边际产出不断下降,这也意味着依靠固定资产投资规模扩张来带动经济增长的效应在减弱,难以为经济增长提供足够的动力,资本形成中投资结构优化应成为推动广东经济增长的重要途径。

自 2009 年金融危机以来,我国宏观杠杆水平不断提高①,但从 2011 年开始,GDP 增速出现下降(见图 3-9),这种"剪刀叉"表明资本配置效率下滑,一是由于部分资金在金融部门"空转"套利,出现脱实向虚现象,二是由于部分资金配置在产出能力相对较差的行业当中。相比之下,香港的资本边际产出率保持平稳上升的趋势,澳门虽有所下降,但也有广东的近两倍。澳门资本边际产出率波动较大可能与其经济规模较小,容易受到影响有关。

五、资本形成的生态环境比较

资本生态环境对资本形成效率具有重要影响。通过专业的第三方服务,丰富的资本生态环境,得以有效匹配投资端与融资端需求,提升资本形成效率。从资本市场的角度来看,对比四大湾区第三方经营服务机构分布情况,结论如下:

第一,纽约、旧金山两大湾区资本生态体系最为丰富、完善,且各自优势特色明显。美国两大湾区的中介机构数量远超东京、粤港澳两大湾区,两大湾区均聚集了大量的证券金融分支机构、会计师事务所、律师事

---

① 宏观杠杆率定义为政府、居民、非金融企业的债务余额与名义 GDP 之比。

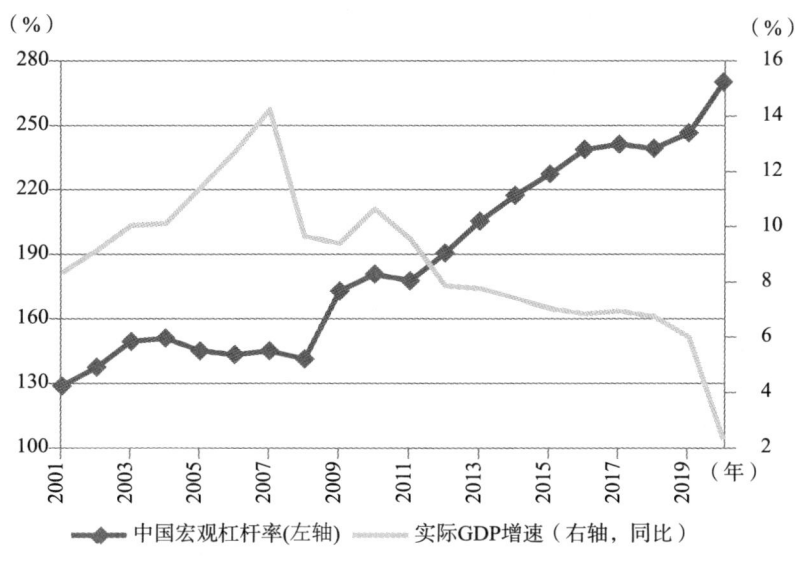

图 3-9 中国宏观杠杆率趋势

资料来源：Wind 数据库。

务所等。但二者生态体系又有明显的差异，纽约湾区是"金融湾区"，聚集了美国 1/3 的证券金融机构总部；相比之下，旧金山湾区最大的特色则是聚集了大部分的 PE/VC，PE/VC 投资额将近纽约湾区的 4 倍，超过美国 PE/VC 投资总额的 1/2，充分显示了旧金山湾区的创新创业特色（见表 3-10）。

第二，粤港澳湾区特别是广东地区资本生态多样性不足，创投能力差距较大。截至 2020 年末，广东地区的证券公司共有 29 家，而大部分券商总部聚集了如产品创新、海外业务、并购业务等综合性业务线，使广东地区以销售业务为主。虽然香港的业务综合性较强，但目前受准入门槛限制，服务能力还有待提高。此外，广东地区的 PE/VC 投资额只有旧金山湾区的 1/10，两者在创投能力方面差距非常明显。除此之外，粤港澳湾区律师数量仅为纽约湾区、旧金山湾区总和的 1/4，会计师事务所大部分为小型事务所，竞争能力较弱。

表 3-10　四大湾区资本形成的生态环境对比①

项目	纽约	加州	东京	粤	港
证券金融机构总部（家）	1095 (2017)	428 (2017)	181	6	—
证券金融机构（含分支机构）（家）	12153 (2017)	18093 (2017)	555	1361	575
会计事务所数量（家）	158	123	143	1022	575
律师数量（人）	177035	170044	18879	36000	9463 (2017)
PE/VC 投资数量（起）	776	2754	525	416	44
PE/VC 投资额（亿美元）	173	654	18.3	65.8	7.80

资料来源：FINRA 官网、PCAOB 官网、美国律师协会、日本证券业协会、日本公认会计师协会 JICPA、东京辩护士会、证监会广东省监管局、中国证券业协会、广东省注册会计师协会、广东省律师协会、CB Insights、香港证券及期货事务监察委员会、香港会计师公会、香港律师协会、Wind 数据库。

第三，东京湾区的中介机构聚集度较高，粤港澳湾区集中度优势不明显。比较四大湾区资本市场中介服务机构的集中度，东京湾区的集中度较高，聚集了日本约 70% 的证券金融机构总部、超过 60% 的会计师事务所、约 50% 的律师，东京湾区的 PE/VC 投资金额占全日本的 88%，集中度明显。相比之下，粤港澳湾区整体来看，资本生态发展尚可，但广东地区证券金融机构总部只占全国不到 5%，律师数量占全国不到 10%，PE/VC 投资金额占全国 8%，各方面的集中度优势并不明显（见表 3-11）。

---

① 表中的数据除特别标明年份外均为 2018 年最新数据。证券金融机构总部中，纽约和旧金山指从事证券业务的机构，即 broker-Dealer 业务的机构；广东和东京为券商本部的数量；香港为获证监会发牌从事资产管理和基金顾问业务的法团注册机构。证券金融机构（含分支机构）中，纽约和旧金山是包括所有的从事证券业务机构以及投资咨询业务的主分支机构，因此数量较多；广东与东京为从事证券业务的机构，香港为证监会发牌从事资产管理和基金顾问业务的机构。会计事务所中，纽约、旧金山为在当地注册的会计事务所数量；东京为当地的会计事务所；香港是执业的会计事务所法团，不包括其他非执业的会计事务所。

表 3-11 四大湾区资本形成的生态环境聚集度对比（在本国占比,%）[①]

项目	纽约	加州	东京	粤港（澳）	粤
证券金融机构总部数量	29.39（2017）	11.49（2017）	67.8	—	4.58
会计事务所数量	16.51	12.85	61.64	19.72	13.59
律师数量	13.22	12.70	47.12	12.14	9.86
PE/VC 投资数量	9.77	34.69	76.98	16.34	15.01
PE/VC 投资金额	13.45	50.86	87.98	8.95	8.07

注：表中的数据除特别标明年份外，均为2018年最新数据，纽约的数据除PE/VC的投资金额与投资数量使用的是纽约城市的数据，其他均使用的是纽约州的数据。本表格的占比是本地的数据/本国的总数获得，其中粤港地区通过将粤港的数量加起来以国内总数及香港数量之和。

资料来源：FINRA 官网、PCAOB 官网、美国律师协会、日本证券业协会、日本公认会计师协会JICPA、东京辩护士会、证监会广东省监管局、中国证券业协会、广东省注册会计师协会、广东省律师协会、CB Insights、香港证券及期货事务监察委员会、香港会计师公会、香港律师协会、Wind 数据库。

六、资本形成的产业基础比较

产业基础对于资本形成的质量具有重要影响。良好的产业结构，能够为金融业提供有效的需求，拓宽资本形成的渠道，推动储蓄转化为有效的、优质的资本。世界三大湾区均有各自的核心产业，形成了产业链聚集。

第一，世界三大湾区均是围绕各自的核心产业形成产业聚集。在纽约湾区，形成了"一核心三轴点"的产业分工协作，纽约市是世界金融及总部中心，三轴点分别是费城、华盛顿和波士顿，其中，费城是制造业与运输中心，华盛顿是政治中心，波士顿是科技和教育中心。在旧金山，形成了以高新技术产业为主导，科技金融紧密结合，其他服务业配套发展的产业体系，南湾是硅谷中心，重点发展高新科技产业，旧金山城以金融业、滨海旅游等现代服务业为主，奥克兰市以港口经济为主，其他地区以农业旅游为主。在东京湾区，形成京滨、京叶两大工业地带，东京是金融、政治和高科技产业中心，神奈川县是工业与物流中心，琦玉县是副都与运输中心，千叶县是商务与货运中心。

第二，粤港澳大湾区的产业布局存在一定程度的同质化竞争，优势产业分工合作不明确。例如，广佛肇、珠中江、深莞惠等经济圈内部的产业同构度偏高，形成了同质化竞争局面。同时，湾区内大部分城市都致力于发展新兴产业，且产业布局高度相似，只是发展程度有所不同，因此湾区内经济发展类型比较单一，具有重合性，模糊了湾区内各城市的独特发展定位。此外，香港、深圳吸引了大部分科技和人才资源，湾区资源配置高度集中，亟须资源、产业外溢，合理配置产业布局。

第三，纽约、旧金山、东京第三产业比重较高，粤港澳地区相对较低。纽约、旧金山、东京地区第三产业比例均保持在80%以上，是其支柱产业，而粤港澳大湾区的第三产业比重为60%左右，低了近两成。世界三大湾区以服务业为主的产业结构特征不是服务业对制造业的简单替代，而是产业链空间分工合作和产业高级化的表现。当前粤港澳大湾区的产业结构发育程度还较低，劳动密集型产业仍占据着较大的份额。部分传统企业由于技术含量低、市场竞争力弱，企业自身资信质量不高，难以达到金融机构信用风险控制的要求，也难以在交易所上市融资，吸引资本的能力也不够。同时，第三产业发展滞后，在一定程度上影响了融资渠道的拓展，对丰富资本形成渠道造成了障碍。

但相比世界三大湾区，粤港澳大湾区的发展空间更大，其拥有21家世界500强企业和5万多家国家级高新技术企业，《2020年全球创新指数报告》显示，在世界前100的科技集群排名中，深圳—香港—广州科技集群位居全球第二。粤港澳大湾区不仅具有香港的金融业，还有深圳的研发、东莞和广州的制造。粤港澳大湾区已经具备建立世界一流湾区所需的产业结构基础，当前的任务是推进产业协同，加快转型升级。

七、资本形成的渠道比较

资本形成渠道包括自筹、银行信贷、资本市场、外商直接投资、政府预算等。可将资本形成渠道分为直接融资渠道和间接融资渠道，二者在将资金转化为投资方面具有同样的重要性。①

第一，银行信贷、资本市场是目前纽约、旧金山、东京的主要资本形成渠道。纽约拥有大量的银行机构及市值最高的证券交易所，其间接融资和直接融资渠道都非常发达，为纽约湾区提供了充足的资本。旧金山湾区则侧重风险资本和交易所融资，硅谷聚集了大量的高新科技企业和互联网企业，风险投资机构众多，在一定程度上推动了当地企业进行上市。东京聚集了全日本最多的银行机构和最重要的产业，资本需求旺盛，而且直接融资已得到了极大发展。相比之下，仅从上市公司市值方面来看，粤港澳大湾区的规模与纽约、旧金山湾区相比，仍然存在显著差距，还有较大的改进空间和发展潜力（表 3-12）。

表 3-12　　　　　　　　　　四大湾区资本形成渠道

类别	纽约	旧金山	东京	粤	港	澳
银行信贷 （存量，亿美元）	13660 （纽约州）	5009 （加州）	14803 （东京都）	19899	12471	1109
上市公司市值 （存量）	30609 亿美元 （纽约州上市公司市值，NYSE/NASDAQ/AMEX）	62335 亿美元 （加州上市公司市值，NYSE/NASDAQ/AMEX）	25224 亿美元 （东京上市企业市值，东京证券交易所）	11322 亿美元〔包括：5389 亿美元（深交所广东企业市值）；5933 亿美元（港交所广东企业市值）〕	14648 亿美元（港交所香港上市企业市值）	—

---

① 直接融资渠道是一种以股票、债券等金融工具为载体的直接将储蓄转化为投资的融资机制。间接融资渠道是一种通过银行等金融机构将储蓄转化为投资的融资机制。

续表

类别	纽约	旧金山	东京	粤	港	澳
利用外资（增量，亿美元）	228	104（加州）	497	233	1224	302
国家预算内资金（增量，亿美元）	584	933（加州）	137	288	590	73
政府债务（亿美元）	365（长期债券发行）	933（长期债券发行）	6（地方债）	1314（政府债务余额）	35	—

资料来源：纽约金融服务局、东京都统计年鉴、中国国家统计局、香港金融管理局、香港政府统计处、澳门金融管理局、Wind 数据库。注：银行信贷（纽约、旧金山）、交易所（东京、粤、港）、利用外资（纽约、旧金山、东京）的数据为估算数。

第二，广东地区宏观杠杆率较高，亟须资本市场发挥作用，降低杠杆水平。粤港澳大湾区中，广东地区宏观杠杆率为269%，而纽约为119%（见图3-10），旧金山所在的加州为140%，东京都为157%，中国的宏观杠杆率则为253%（见图3-10）。无论是对比国际三大湾区，还是对比中国整体水平，广东地区的负债水平都是比较高的。居高不下的宏观杠杆率，增加了系统性风险。加强粤港澳大湾区资本市场建设，大力提高粤港澳直接融资比重，改善区域融资结构迫在眉睫。

我们也发现，香港的宏观杠杆率也很高，很多在香港注册的企业虽然在香港进行借贷，但将筹集资金用于港外投资，此类经济活动所获得的收入并未体现在香港 GDP 中，以 GDP 作为分母高估了香港企业的负债水平（见图3-10）。

第三，粤港澳地区资本形成渠道的差异较大，广东基本还是"银行主导型"的间接融资体制。从增量来看，广东地区银行间接融资占比超过70%，非金融企业境内股票融资不到6%，企业债券融资不到2%，直接融资比重较低。香港地区的资本市场高度发达，直接和间接融资渠道畅通。香港最主要的特点是利用外资数额较高，这与香港国际金融中心地位是相匹配的。

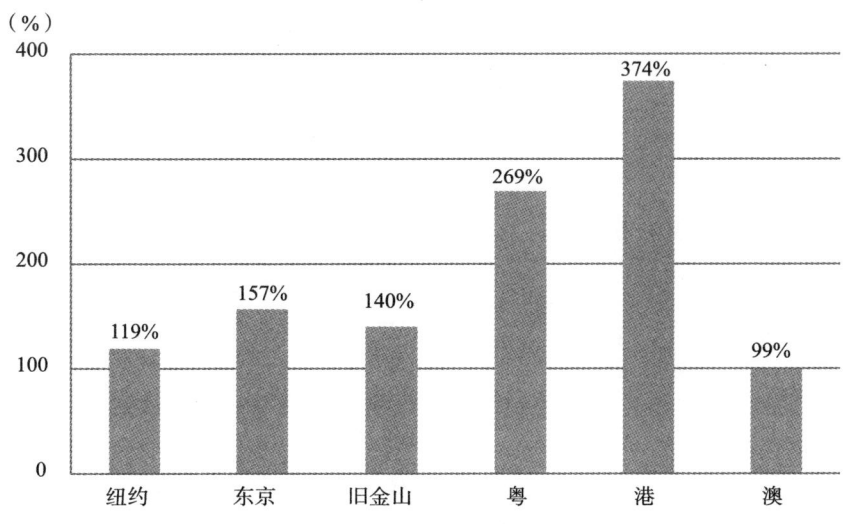

图 3-10 四大湾区宏观杠杆率比较

资料来源：纽约金融服务局、东京都统计年鉴、中国国家统计局、香港金融管理局、香港政府统计处、澳门金融管理局、Wind 数据库、CEIC 数据库、国际清算银行、IMF、深圳深融汇投资咨询有限公司《蒙格斯报告》。

总体来看，纽约、旧金山、东京、粤港澳等湾区基本上形成了多种市场化资本形成渠道共生发展的范式，以市场的自我积累为主，政府担任制度制定者和规则执行者。资本市场融资已经成为各个湾区重要的资本形成渠道之一，尤其是证券交易所的存在更是为资本形成提供了极大的便利。

八、资本形成的模式比较

资本形成的模式主要包括市场主导型和银行主导型，以及介于两种模式之间的过渡模式。不同资本形成模式对经济发展产生的影响，更多体现在对各种资源（包括自然资源、金融资源等）的配置效率上。对比四大湾区的资本形成模式，可以发现：

市场主导型的资本形成模式是纽约湾区、旧金山湾区、东京湾区以及香港、澳门的主要资本形成模式。在这种模式下，多层次资本市场发展成熟,各类型参与者众多,金融产品和工具较为发达,对风险的定价准确、有效和专业,市场支持创新能力较强。企业的融资选择更加多样,可以根据自身情况,从市场上灵活选择成本合理、融资条件适宜的融资工具。

广东总体处在从银行主导型向市场主导型的转型过程中。广东当前金融结构仍以银行体系为主导。2020年,广东省社会融资规模增量达到4万亿元,其中直接融资增量仅为1万亿元,在全部社会融资中占比为25%。深圳在广东发挥着直接融资"增长极"的作用。深圳市持续发展以深交所为核心的多层次资本市场,金融机构集聚效应持续增强,截至2020年6月,深圳市法人证券公司总资产1.94万亿元,居全国大中城市首位,直接融资生态系统日益多元,成立了国内规模最大的市场化运营天使母基金。随着资本市场全面深化改革的推进,深圳直接融资"增长极"作用将进一步加强,有力促进了广东整体金融结构转型。

九、资本形成的成本比较

资金从储蓄到形成资本,并不是直接转化,而是需要花费一定的成本。成本的大小与金融体系息息相关,原因如下。

第一,广东地区资本形成成本较高。广东乃至中国的金融体系是银行主导型,资本形成主要以银行为主渠道,间接融资占据主要地位。银行信贷是我国最主要的社会融资来源,占比70%以上。在实际中,银行偏好于向国企、大型企业提供贷款,但这类企业本身的融资渠道选择较多,反而是融资渠道非常有限的中小企业更加迫切需要银行信贷。这使资金配置出现了扭曲,降低了金融体系运行的效率。根据2018年公布的中国社会融资成本指数,当前中国社会融资(企业)平均融资成本为7.60%,银行贷款平均融资成本为6.6%,承兑汇票平均融资成本为5.19%,企业发债平均融资成本为6.68%。若加上各种手续费、评估费等,平均融资成本将超过8%。而这只是平均融资成本,对于融资渠道较有限的中小企业而言,融资成本大部分可能高于10%(见表3-13)。

表 3-13　　　　　　　　中国社会融资成本统计

融资方式	平均融资成本（%）	融资金额	占比权重（%）
银行贷款	6.60	69.16 万亿元	57.19
承兑汇票	5.19	12.54 万亿元	10.37
公开发债	6.68	18.37 万亿元	15.19
融资性信托	9.25	8.53 万亿元	7.05
融资租赁	10.70	5.87 万亿元	4.85
保理	12.10	4900 亿元	0.41
小贷公司	21.90	9704 亿元	0.80
互联网金融（网贷）	21	1.22 万亿元	1.00
上市公司股权质押	7.24	3.77 万亿元	3.12
企业平均融资成本	7.60%		

第二，纽约、旧金山和东京等湾区融资成本相对较低。这三大湾区融资渠道多样，不同类型的企业可以用较低的成本获得所需融资。中国的储蓄率虽然比较高，但相对美、日等国家和地区，实体经济的融资成本则相对较高。银行贷款的成本超过 6%，债券发行的成本也达到 6%~7%，根据清华大学教授李稻葵估算，至少比美国企业高出 50%。根据世界银行的统计，在 2009—2016 年，美国的平均贷款利率约为 3.28%，日本的平均贷款利率约为 1.37%。前几年苹果公司在日本发行总额约为 20 亿美元的债券，最重要的原因，不是苹果缺钱，而是因为日本债券融资成本较低。

十、资本形成的制度安排比较

制度是影响资本形成效率的不容忽视的因素。良好的资本形成制度可以通过降低成本、准确定价、信息对称以及灵活的利率汇率等优势，促使储蓄以更高的效率转化为投资，促使技术进步和经济增长。著名经济学家杨小凯提出"后发劣势"的概念，认为落后国家由于发展起步晚，所以有很多经验可以模仿发达国家。模仿有两种形式，一种是模仿制度，另一种是模仿技术和工业化的模式。相比制度，落后国家模仿技术比较容易，因为制度改革可能触犯一些既得利益。因此落后国家会倾向于技术模仿，取得发达国家必须在一定的制度下才能取得的成就。但是，这种模仿虽在短期内可以取得较好的成果，却会给长期发展留下隐患，甚至导致长期发展的失败，原因如下。

第一，纽约、旧金山、东京、香港等地区金融制度的适应效率较高，能根据市场需求变化及时调整。从经济学角度看，微观经济主体的竞争力主要由要素成本和交易成本决定，良好的制度安排可以降低交易成本，引导资源有效配置。无论是纽约湾区、旧金山湾区，还是东京湾区，市场机制在金融体系中发展较为完善，在资金配置、市场交易等方面均实现了较高效率的运行。以资本市场为例，近十年来，美、日等成熟资本市场都在纷纷通过建立小额发行豁免、设置多套上市标准、完善多层板块体系、承认双重股权结构、建立直接上市制度等方式，适应市场需求，拓宽中小企业融资渠道，提高对科技创新企业的包容度。

第二，广东不断深化金融市场改革，提高金融服务覆盖面和灵活性。由于历史原因，广东金融体系制度安排的市场化水平和适应效率还达不到国际先进水平。近年来，广东不断实现金融改革重大突破，深交所创业板试点注册制顺利落地，广州期货交易所成功筹建，金融高质量发展基础不断夯实，对科技创新、小微企业和"三农"的服务能力进一步提升（见表3-14）。

表3-14　　　　　　　四大湾区资本形成机制主要指标

	指标	纽约	旧金山	东京	粤	港	澳
经济发展	GDP	1.7万亿美元	0.8万亿美元	1.8万亿美元	1.65万亿美元		
	GDP占全国比重	8.8%	4%	26.4%	12%		
	世界500强总数	22家	28家	60家	16家		
储蓄基础	人均GDP	7.1万美元	10.9万美元	6.4万美元	1.2万美元	4.6万美元	7.8万美元

续表

	指标	纽约	旧金山	东京	粤	港	澳
投资需求	GDP增速	3.31%	6.87%	1.31%	11.16%	6.83%	11.58%
效率	资本边际产出率	4.74（美国）		6.83	2.4	4.66	5.54
产业基础	第三产业比重	89.40%	82.80%	82.30%	62.20%		
渠道	模式	银行信贷、资本市场为主要资本形成渠道			银行主导型	利用外资数额较高	
	银行信贷（存量，亿美元）	13660（纽约州）	5009（加州）	14803（东京都）	19899	12471	1109
	上市公司市值（存量，亿美元）	30609（纽约州）	62335（加州）	25224（东京）	11322	14648	—
	宏观杠杆率	119%（纽约州）	140%（加州）	157%（东京都）	269%	373.6%	99%
模式	经济自由化排名	市场型；第6名（美国）		市场型；第41名（日本）	计划转市场型；第108名（中国）	市场型；第1名（中国）	市场型（中国）
成本		平均贷款利率约为3.28%（美国）		平均贷款利率约为1.37%（日本）	企业平均融资成本7.6%		
制度安排		纽约、旧金山、东京、香港、澳门等地的金融制度适应效率较高；广东存在要素成本优势，但处于向市场主导型金融体系过渡阶段，资源效率仍待提高					

第三节 资本形成的有效性：粤港澳大湾区创新资本形成效率有待提升

粤港澳大湾区的整体格局可归纳为"一个国家、两种制度、三个关税区、四个核心城市"。这一独特的政治经济格局既是粤港澳大湾区发展的特点和优势，也给粤港澳大湾区的有效资本形成带来一定挑战。从整体经济状况来看，粤港澳大湾区有一定的储蓄基础，投资需求旺盛，已经具备打造成世界级湾区的条件。但由于粤港澳大湾区在资本形成模式、渠道多样性以及创新资本形成效率等方面仍存在一些问题，湾区资本形成的有效性仍待提升。

一、粤港澳资本形成模式亟须完善

（一）三地金融体制的差异性增加了资本形成成本

粤港澳大湾区分属两种政治制度、三种法律体系和关税区，经济环境与社会条件差异显著，三地在关税政策、资金流通制度、对外经济政策等方面有实质性的区别，行政壁垒制约了三地政府建立常态化沟通协作机制，增加了跨区域资本形成的成本。另外，粤港澳大湾区目前流通着三种货币。由于境内外汇管理制度的相关安排，人民币、港币和澳币受制于不同货币与银行体系，但人民币与其他两种货币之间尚未实现完全自由可兑换。随着大湾区内经济和社会来往活动的增加，参与大湾区活动的主体对三种货币的自由流通有着迫切的需求，流动性障碍亦成为阻碍粤港澳金融、产业合作的因素，同样影响了跨区域资本的有效配置。

（二）跨境金融监管基础设施及沟通机制仍需完善

实现粤港澳三地金融市场的深度对接必须解决金融产品跨境运行、跨境监管等问题。香港、澳门的金融监管制度和法治制度与西方国家类同，但广东地区金融市场的制度、规则和监管等与国际接轨程度较低，市场体系的割裂阻碍了对市场风险的集中把控，增加了资本形成过程中风险监测的难度。近年来，QFII、RQFII、深股通等涉外资金不断进入我国资本市场。截至 2020 年 12 月，外资净流入 A 股总体规模达 25892.25 亿元，跨境互联互通的基础设施建设和跨境交易监管需要加强。对外投资方面，由于从交易执行、清算支付到资产托管的各环节大部分由外资机构处理，"数据留存境外"对国家金融安全也存在潜在威胁。

（三）货币政策不协调，影响有效资本形成

粤港澳三地经济发展水平和货币化程度存在明显差异，货币政策不尽相同。香港实行联系汇率制度，货币政策变动跟随美国步伐。澳门实行固定汇率制，货币政策变动与香港一致，间接跟随美国货币政策变化。中国内地的货币政策由央行根据国民经济运行状况制定。近年来，中、美两国货币政策不断分化，使得粤港澳三地的基准利率走向出现分歧。市场利率和汇率的不同走势将导致资金流向收益率更高的区域，而非资本最稀缺的产业部门，从而影响资本形成效率。

（四）三地经济发展水平不均衡

居民储蓄是有效资本形成的基础条件。一般而言，居民收入水平越高的地区，储蓄水平相应更高。粤港澳大湾区内部各城市发展差异性较为明显，港、澳地区居民收入水平明显高于广东地区，三地经济发展水平不均造成了资本形成效率的损失。若以人均 GDP 作为衡量指标，在 2019 年，澳门地区人均 GDP 达到 84096 美元，香港地区人均 GDP 为 48713.47 美元，而广东省的人均 GDP 为 14551.13 美元。广东地区人均 GDP 低于港澳地区，再加上广东的有效税率较高，居民储蓄水平和资本形成的基础条件仍有待提升。

二、资本形成渠道多样化程度不足

（一）产品体系不丰富

金融产品体系是市场发挥基本功能的直接抓手，直接影响储蓄转化为

投资,并进一步形成产业的速度和效率。在广东地区,产品体系仍不完整。以资本市场为例,存在体系结构单一、股票占比大、债券基金规模较小、衍生品缺位、风险对冲工具匮乏等问题,产品体系延展性较差,资本市场服务产业发展的功能发挥受到制约。港交所在产品体系的广度和深度方面更具优势,形成了包含股票、债券、基金、衍生品等投资工具在内的较为完善的产品体系,但衍生品市场的交易活跃度一般,在风险管理方面与其他发达资本市场存在一定差距。此外,大湾区内部的私募市场发展空间较为狭窄,资本市场各层次间还缺乏有机联系,尚未形成服务实体经济的合力。

(二)总体开放程度不足

粤港澳大湾区在跨境资本形成能力方面相对薄弱,不能充分利用境外丰富的资本市场产品和服务经验来增强境内市场资本形成效率。2018年以来,尽管境内资本市场加大了对外开放,但与港、澳市场相比,境内资本市场在开放程度方面仍存在很大差距。由于资本项目管制的存在,许多跨境投融资需求得不到满足。2017年,中国企业跨境并购数量及规模增速都明显放缓,全年共完成海外并购585笔,同比减少20%;合计并购规模1558亿美元,同比增速大幅下滑至7.4%。境外资金进出的限制相对较多,金融市场的基础设施设置与国际市场亦有一定差异,境外企业和投资者参与境内金融市场的便利性不足。双向跨境融资发展不平衡,境外企业在A股进行股权融资难度较大。

(三)三地生产要素流动不畅

建立与国际接轨的开放型经济体制有利于加速生产要素流动有效性,强化金融资源配置的精准性,带动资本集聚。目前,粤港澳大湾区内部在人才、资本、物流、信息等方面的流动仍是有限制的。大湾区三地金融环境、会计制度、业务经营范围、企业信用信息、财税政策等各不相同,相关的资信讯息、政策宣介、交流平台等金融服务配套设施相对不足,尚没有形成统一的信息发布网络，还不能做到信息充分交流共享，需要加强相关平台建设。大湾区建设需要在宏观审慎的前提下进一步创新联动发展机制，探索要素自由流通的创新机制，推动各类生产要素在区域内便捷流通。

（四）有效金融创新不足

金融创新是促进资本市场发展、满足企业融资需求、助力资本形成服务经济发展的重要力量。通过改变现行金融体制，增加新的金融工具，能够加速金融领域各类要素优化组合，提升资本形成的有效性。当前，内地市场的金融创新不足，企业的融资渠道过于单一，许多小微企业仍然面临融资困难的问题，难以满足实体经济不断发展的新需求。截至2018年9月末，人民币小微企业贷款余额为25.81万亿元，仅占企业贷款余额的33%[①]。并且，某些金融创新无法平衡产品创新与风险防控，导致资金进入股市、楼市等，推高了金融市场杠杆，背离了金融创新的初衷。此外，有关跨境投融资产品类型和业务模式等方面的创新匮乏，影响了金融资源在粤港澳大湾区四个核心城市间的高效率配置。

三、粤港澳创新资本形成效率有待提升

（一）三地产业结构尚未形成优势互补的合作格局

当前，粤港澳大湾区内部尚未实现差异性、互补性发展，各城市之间存在一定程度的同质化竞争，导致了资本形成过程中整体效率的损失。

首先，产业存在一定程度的同质化竞争。香港、广州、深圳都致力于建设现代化金融体系，存在一定竞争关系。香港一直是大湾区城市群和南中国航运业的中心，而深圳港、广州港、虎门港、惠州港、珠海港、中山

---

① 中国人民银行：《2017年四季度金融机构贷款投向统计报告》。

港在近年来逐步发展,并参与到航运业务的竞争中,使港口作业产能出现过剩。广东九城间亦存在新兴产业同质化的情况,譬如广佛肇、珠中江、深莞惠等经济圈内部的产业同构度偏高,珠中江产业同构系数为 0.7,深莞惠则为 0.89[①];湾区内大部分城市都致力于发展新兴产业,产业布局高度相似。

其次,粤、港、澳三地尚未形成较为合理的产业分工合作格局。香港金融业发达但实业基础薄弱,澳门娱乐博彩业"一枝独秀",广东九城的优势在于制造业与创新引领的科技行业,但国际化水平不足。港澳地区与内地经济相互融合、相互促进是保持三地国际竞争力的必要条件。但目前三地在产业合作方面仍未建立成熟的机制,在业务创新、资源共享、融资安排等方面的合作还不够深入。

(二) 境内投资者不够成熟,人力资本形成效率不足

一是与港、澳市场及其他发达国家相比,我国境内资本市场投资者结构以个人投资者为主,机构投资者整体规模偏小,约 80% 的 A 股交易来自个人投资者,长期投资与价值投资的理念仍然有待加强。从投资行为来看,个人投资者持股时间较短、交易较为频繁。当股票价格或者成交量出现大幅波动时,个人投资者比机构投资者更敏感。过分追逐短期收益容易加剧市场波动,形成市场风险,难以满足不同企业的融资需求,不利于资本市场的稳健性和金融资源配置的有效性。

二是人才竞争力不强,缺乏一流的人才和体制机制。一流湾区的核心竞争力之一,就是拥有优秀的人才。以资本市场为例,我国各类从业人员已经突破 30 万,但复合型、创新型和国际化人才缺乏,在多个领域存在人才瓶颈。也没有完全建立起与绩效挂钩并具有激励作用的薪酬体系,人才队伍不稳定,在吸引海内外高端人才等方面竞争力不强。

---

① 21 世纪经济研究院和时代中国研究院:《时代中国 21 世纪报告:粤港澳大湾区城市发展力研究 2018》。

第四节　创新资本助推粤港澳大湾区建设

粤港澳湾区内已经拥有国际级的金融中心和较强的资本形成能力。当前，粤港澳正致力于打造成创新之湾、联通之湾、高端制造之湾、开放之湾、宜居之湾，在湾区规划和建设发展过程中将产生更加广泛的资本需求。要进一步提高粤港澳大湾区的资本形成能力，构建资本形成的良性机制，提高资本配置效率。

一、借鉴三大湾区的资本形成经验，转变粤港澳资本形成模式

纵观世界三大湾区的历史发展经验，市场配置型是当前各个湾区的主要资本形成模式，政府引导也起着非常重要的作用。此外，三大湾区的产业升级过程中直接融资占比日益提高，交易所市场在其中扮演的角色也越来越重要。

一是争取设立粤港澳金融改革试验区，进行金融领域市场化、国际化探索，发挥市场在金融资源配置中的决定性作用。在充分考虑国情的基础上，突破常规的国家级新区规划的通常做法，设立粤港澳金融改革试验区，借助香港—深圳—广州—澳门等地渐趋同城化的优势，进行金融领域市场化、国际化探索，把粤港澳大湾区建成全国最大的自由港贸易区。进一步扩大金融市场双向开放，在有效防范风险的前提下，在湾区内部试点人民币资本项目完全可兑换，实现资本项下资金自由进出，探索符合湾区企业实际需求的外汇改革措施，对有实际投资需求的企业或个人放开外汇兑换额度，探索建立开放的、有竞争力的外汇市场。同时，构建跨境资本流动的宏观审慎管理和微观市场监管体系，强化资本项目事前审批和事中事后监管，严格防范跨境资本流动风险。继续推进简政放权工作，减少和取消不必要的行政审核，明确交易所的法律地位、权限和功能，明确交易

所与行政监管之间的边界，让市场机制在金融资源配置中发挥决定性作用。

二是探索成立人民银行南方总部和大湾区金融发展协调办公室，统筹金融发展和监管。在粤港澳大湾区建设领导小组统一规划下，构建官方推动机制，发挥粤港澳金融合作专责小组会议等合作机制的作用，协调处理好粤港澳金融合作中遇到的问题。探索在深圳设立人民银行南方总部，总部可设在深港河套地区，负责华南地区金融监管之外，统筹指导深港金融改革试验区工作，协调货币政策，推动金融市场化及人民币国际化。探索在深港河套地区成立大湾区金融发展协调办公室，统筹粤港澳金融发展规划，对跨境跨区域金融业务监管，推动和完善统一的金融信息发布、监控机制，防范化解系统性金融风险。

三是实施凝聚政策，缩小地区差距，加强产业协调，推进区域一体化。设立粤港澳大湾区发展基金、粤港澳大湾区投资银行、粤港澳大湾区凝聚力基金等，落实各项区域政策，在粤港澳大湾区内进行资源配置的调整及利益的公平分配，缩小成员之间的发展差距，稳固合作基础，推进区域经济一体化，畅通资本形成的渠道，提高资本形成效率。发挥粤港澳三地产业互补优势，加强产业协调和战略规划，减小不必要的重复建设和同质竞争，协调粤港澳大湾区内外圈层间、城市间、城乡间的发展关系，形成合理的地域分工体系。

二、支持跨境金融合作和产品创新，拓宽粤港澳资本形成渠道

不同于纽约、旧金山和东京湾区，粤港澳大湾区处于"一个国家、两种制度、三个关税区、四个核心城市"当中，目前，资本、物流、信息等方面的流动仍然存在一定限制。下一步工作主要在如下几方面开展。

一是推动跨境金融产品创新，为境内外投资者配置湾区资产提供投资工具。依托广东三大自贸区，推动人民币计价金融产品及跨境金融产品的开发，开办和推广各类质押融资，发展融资租赁业务和人民币海外投资贷

款基金业务，打造金融创新示范区。开发跟踪"粤港澳大湾区"的主题指数 ETF 等上市基金产品，开发"深港通"和"一带一路"沿线市场的跨境 ETF 产品。推动固定收益产品的创新发展，支持湾区企业发行绿色金融产品、公司债券、资产证券化产品等，持续扩大绿色债、熊猫债、"一带一路"专项债等产品覆盖面。支持深交所稳步推进前海平台建设，探索在跨境资产证券化、离岸债券等领域重点突破，为境内外投资者配置大湾区资产、一站式投资湾区上市公司提供投资工具。

二是推进粤港澳大湾区跨境金融合作，探索粤港澳要素流动新模式。以香港离岸人民币市场建设为契机，围绕现实需求，支持深交所在发行上市、交易结算和登记托管等方面建立与香港资本市场互联互通的新途径。完善深港通、基金互认、债券通等跨境资金双向流通机制及配套政策，探索深港两地基金、ETF 交叉挂牌，增加资金流通途径。支持澳门发展辐射葡语国家的金融服务，支持深交所与澳门共建中葡金融服务平台，助力中葡经济和产业合作。完善支付清算系统、跨境监管系统等金融基础设施，为湾区内资金自由流动提供便利载体，提高湾区内资金流动效率。

三是优化粤港澳大湾区金融领域的准入门槛，吸引培养国际一流人才，大力发展机构投资者。以先行先试、循序渐进为原则，依托前海自贸区、落马洲河套地区等新兴合作平台，深化内地对港澳银行、保险、基金、债券等金融产品服务的开放水平，优化港澳机构的行业准入门槛，放宽对港澳金融机构在企业注册、股份比例、经营范围和资质认定等方面的限制，实现港澳企业与内地企业的平等经营。加强金融中介服务体系建设，吸引香港较优质的法律、会计、审计、资产评估等中介在深设立机构，为深港金融合作提供专业服务，完善深圳金融服务体系。形成合理的薪酬体系和有效的激励机制，吸引培养国际一流人才。大力发展机构投资者，拓展长期资金进入境内资本市场的渠道，培育世界一流投资银行和中介机构，提升行业规范发展能力和对投资者的服务能力。

四是共建金融科技研究与服务中心，推动深港金融市场合作创新。在粤港澳大湾区的规划下，落马洲河套区域将成为深港合作重要平台。抓住落马洲河套发展机遇，推动深港资本市场合作创新。可首先探索在落马洲河套区域共建金融科技研究与服务中心，识别两地市场金融科技创新需求，实现监管程序上的互认，促进跨区域金融科技创新的研究和落地应用。推进建立两地资本市场金融科技监管沙盒机制，量化分析创新业务优势与风险，支撑创新业务政策设计。共同推动完善两地资本市场金融科技基础设施建立，倡议标准化建设，促进互联、互通、互信。充分发挥两地交易所各自优势，在跨境监管、智能化监管、大数据风险预警、区块链应用等方面联合开展金融科技创新项目。

三、打造国际创新资本形成中心，提高粤港澳资本配置效率

自主核心技术不足是我国创新驱动发展的短板，甚至危及经济安全、国家安全。科技与资本密不可分，全球科技创新角逐的背后是各国创新资本形成效率的竞争。对标在粤港澳大湾区建设国际科创中心，充分发挥港、深证券交易所的优势，打造与之相匹配的"国际创新资本形成中心"，将湾区高新技术企业数量优势转化为创新发展的质量优势，有如下几项工作重点。

一是夯实创新资本形成的产业基础，将深交所打造成粤港澳科技创新企业上市融资首选地。粤港澳三地应立足各自比较优势和现代产业分工要求，推进产业协调，把产业对接协作和实现市场一体化进程作为改革重点，努力实现良性互动、共赢发展。依托现有"深港创新圈"，打造"珠三角创新圈"，实现粤港澳三地和广东九城之间的分工协作，夯实创新资本形成的产业基础。支持深交所深度参与粤港澳大湾区规划建设，鼓励湾区内的优质科技创新企业到深交所发行上市，将深交所打造成粤港澳科技创新企业上市融资首选地。

二是将深交所的发展纳入粤港澳大湾区战略布局，依托深交所打造创新创业要素服务平台，打通科技创新企业融资的高速路。重视深交所在粤港澳区域经济发展中的作用，将深交所建设融入粤港澳湾区改革开放总体

布局，助力建设国际创新资本形成中心。支持深交所不断完善创新创业投融资服务平台，汇集粤港澳大湾区创新型企业、第三方专业机构，打造科技成果交易、科技资源共享、科技金融支撑、科技人才保障等功能一体的线上线下创新创业要素服务平台，形成"立足湾区，辐射全球"的跨境创新企业投融资生态体系。支持深、港两交易所合作共赢，以粤港澳大湾区规划建设为契机，探索深交所体制机制改革，创新深、港两交易所之间的合作机制，探索通过股权互换、项目合作等方式形成战略伙伴关系，提升两交易所在全球市场中的竞争力。

第四章

创新资本形成、直接融资结构和我国创新驱动战略

打造国际领先的创新资本形成中心的首要任务是建设具有强大直接融资能力的资本市场。利用资本市场进行直接融资能够适应科技创新周期长、投入大、不确定性高等特点,激励更多人才投身其中,更有效地推动科技成果转化。历史实践证明,由科技和资本共同形成的一套发现和筛选机制,能够不断催生新技术、新产业和新模式,培育经济增长新动力。经过30年的发展,我国资本市场从无到有,从小到大,实现了跨越式发展,资本市场的规模、深度、包容性也在不断拓展,但从当前我国融资结构来看,直接融资比重整体偏低,多层次股票市场支持科技创新企业和大型企业集团的发挥功能还不充分。提升直接融资比重,尤其是股权融资比重,是加快建设"双循环"新发展格局的重点任务之一。习近平总书记指出,要疏通金融进入实体经济的渠道,积极规范发展多层次资本市场,扩大直接融资。时任中国证监会主席易会满也强调,要加快推进资本市场全面深化改革,提高直接融资比重,发挥好资本市场的"晴雨表"功能。当前,资本市场最紧迫的任务,就是紧扣金融供给侧结构性改革的主线,把发展直接融资特别是股权融资放在突出位置。本章将系统比较境外成熟市场直接融资发展历程和经验,并以最优金融结构理论为框架,估算更能匹配我国经济增长和产业发展的直接融资比重、股票融资比重,总结我国直接融资体系存在的问题并提出建议。

第一节　创新资本形成与直接融资结构：
来自境外成熟市场的经验

经济增长离不开金融支持。18世纪以来，世界经济的每个周期都对应着科技革命和产业发展。无论从历史还是国际视角看，金融和实体经济都是动态拟合关系，是金融和国家制度文化禀赋的有机结合。金融结构只有匹配和服务实体经济，才能创造剩余价值，促进经济发展和社会进步。

一、市场主导型与银行主导型金融结构

1955年，美国经济学家格利和肖在《美国经济评论》上发表《经济增长的金融方面》，正式提出了直接融资和间接融资的概念。直接融资指没有金融中介机构介入，资金盈余单位和资金需求单位直接进行资金融通的融资方式，主要包括股票融资和债券融资，还包括私募股权融资、并购交易、股权转让等。间接融资指资金盈余单位和资金需求单位通过银行等金融中介机构进行的资金融通活动，主要包括银行信贷、非银行金融机构信贷、委托贷款、融资租赁、项目融资贷款等。

（一）直接融资占比计算方法

目前，直接融资占比的计算方法主要包括两种，一种是存量法，另一种是增量法。我国常用的是增量法，指每年新增非金融企业直接融资（股票和债券）占新增社会融资规模的比重。增量法反映了短期内直接融资的增长情况，适用于制定短期政策目标，但不能反映金融存量结构；易受市场环境、政策影响，波动较大；国际数据可得性差，难以进行国际比较等。

相比之下，国际上普遍采用存量法研究金融结构，选取股市市值、债

券余额和银行贷款余额等数据计算直接融资比重或资本市场规模在金融体系中的比重。存量法显示，经过长期发展所形成的金融体系结构，受短期波动的影响较小，主要的波动因素来自股市市值的变化。且大多数国家都有公开的金融存量数据，因此易于国际比较。

本章在研究过程中，主要采用存量法计算直接融资比重。

（二）市场主导型和银行主导型金融结构的划分

为了更全面地定义市场主导型和银行主导型金融结构，Kunt 和 Levine 构建了一个金融结构综合指数（Conglomerate index），通过衡量 150 个国家银行部门和股票市场的规模、活跃程度和效率等指标[①]，构建了不同国家银行部门相对于股票市场发展的综合比率。其中，综合比率高于平均值的国家被划分为市场主导型金融体系，低于平均值的国家被划分为银行主导型金融体系。

市场主导型和银行主导型金融结构的划分不仅要考量直接融资与间接融资的相对规模，也要考虑直接融资与间接融资市场的交易活跃度和成本有效性。截至 2012 年，根据金融结构综合指数的划分，日本、法国、德国、中国、西班牙、葡萄牙、奥地利、比利时、意大利、芬兰、挪威、丹麦、新西兰等国家被归于银行主导型类别，而美国、英国、荷兰、加拿大、澳大利亚、印度、智利、南非、韩国、瑞典、新加坡、瑞士、中国香港、马来西亚等国家和地区被归类为市场主导型金融系统。

Kunt 和 Levine（1999）的研究发现，较高收入国家金融系统往往更发达，并且股票市场相对于银行呈现出更活跃、更有效率的特征，其金融系统倾向于市场主导型。另外，从法律制度的角度来看，有判例法传统、更重视对投资者和债权人权利保护、会计制度严格、存款保险制度不完善的

---

① 衡量银行部门规模的指标包括：银行短期负债/GDP、银行资产/GDP、私营部门银行信贷/GDP、其他金融机构提供给私营部门贷款/GDP；衡量银行部门效率的指标包括：银行一般管理成本/银行总资产、银行净利差/银行总资产；衡量股票市场规模的指标为股市总交易市值/GDP；衡量股票市场效率的指标为换手率。

国家，其金融体系结构也更倾向于市场主导型。但是，Levine（2000）和La Porta（1998，2000）指出，市场主导型或银行主导型金融结构对经济增长并没有显著影响，与经济增长关联度更高的是法律对投资者权利的保护程度和金融市场中合约执行的有效性。

二、境外成熟市场直接融资发展历程①

（一）过去 30 年世界各国直接融资比重呈整体上升态势

随着经济的发展，直接融资因其融资高效、风险分散等特点，逐渐成为重要的资金筹集方式。近 30 年来，世界各国直接融资比重呈整体上升态势。其中，高收入水平国家和中高收入水平国家直接融资比重保持着一个较高的水平，且相对稳定。20 世纪 90 年代以来，按照存量法计算，美国的直接融资比重已经超过 80%，此后一直处在这个水平。低收入国家直接融资比重整体虽然也呈上升趋势，但波动较大，近年高达 70%。我国自 1990 年设立沪深交易所开始，资本市场也取得了长足发展，直接融资比重从最初的不到 10%，提升到目前的接近 50%，在 2007 年资本市场"牛市"的时候，一度达到 56%（见图 4-1）。

祁斌（2013）的研究也表明，无论是高收入国家，还是中等收入国家，直接融资比重在过去整体均呈上升趋势。在 20 世纪 90 年代，发达国家的直接融资比重已经达到了 60% 的水平，因其经济和金融体系的发展相对成熟，金融体系结构趋于稳定，上升趋势逐渐放缓，近年接近 70% 的水平。中等收入国家在 20 世纪 90 年代初期，直接融资比重处于 40% ~ 50%，但此后稳步攀升，近年也达到了 60% ~ 70% 的水平，与高收入国家

---

① 本章计算数据来源于世界银行最新的《Financial Structure And Development Dataset》，网址：https://www.worldbank.org/en/publication/gfdr/data/financial-structure-database。计算依照国际普遍采用的存量法，选取股市市值、债券余额和银行贷款余额等数据进行计算，因数据口径的差异，本报告计算的直接融资比重数值与祁斌（2013）计算的结果有些差异，但整体趋势一致。

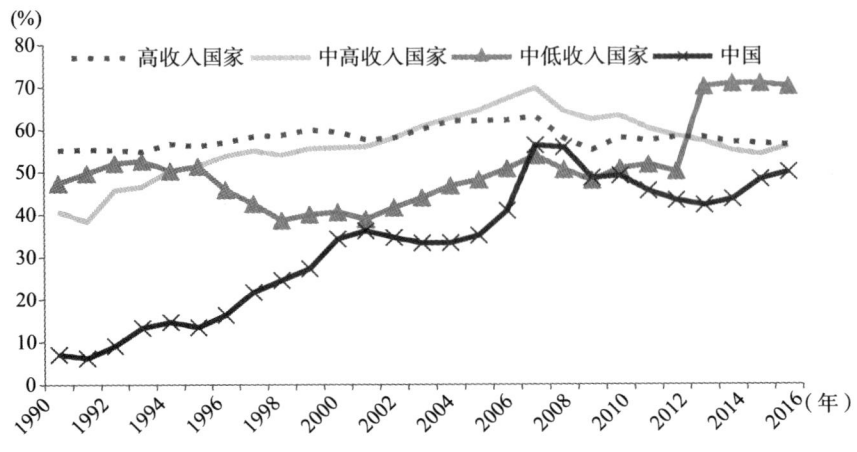

图 4-1　不同收入水平国家直接融资比重变化

水平接近。G20 国家整体的直接融资比重从 1990 年的平均 55.0%，上升至 2012 年的平均 66.9%。

（二）"银行主导型"地区与"市场主导型"地区直接融资占比差距不断缩小

20 世纪 90 年代，传统意义上的"银行主导型"国家，如日本和德国的直接融资比例在 40%~50%。进入 21 世纪后，两国资本市场也取得了长足的发展，直接融资比重不断趋近于"市场主导型"国家。近年，日本直接融资比重已经稳定在 75% 左右，2018 年为 74%，与美国的差距（88%）越来越小（见表 4-1）。德国在大银行金融体制主导下，直接融资比重提升较慢，但整体处于上升态势，2006—2010 年直接融资占比达到 55.58%，2018 年为 62%，与美国的差距也在缩小（见图 4-2）。

表 4-1　主要"市场主导型"和"银行主导型"国家直接融资比重对比（%）

国家	1991—1995 年	1996—2000 年	2001—2005 年	2006—2010 年
美国	81.48	85.18	84.31	83.69
澳大利亚	65.41	65.64	65.35	64.00
加拿大	70.70	76.05	63.17	61.32

续表

国家	1991—1995 年	1996—2000 年	2001—2005 年	2006—2010 年
英国	56.91	64.67	56.62	49.13
市场主导型	68.62	72.89	67.37	64.54
奥地利	42.77	44.59	52.21	56.45
比利时	74.73	72.69	74.17	72.40
葡萄牙	52.51	50.54	44.61	45.77
西班牙	48.61	58.23	57.04	52.66
德国	48.94	53.49	54.04	55.58
日本	47.73	51.19	69.45	75.88
银行主导型	52.55	55.12	58.59	59.79

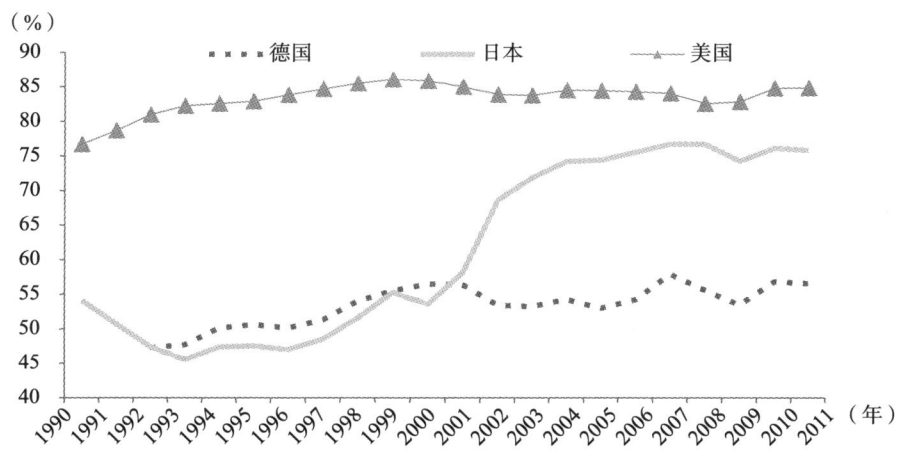

图 4-2 美国、日本、德国直接融资比重的变化

总体来看，1991—2010 年，"市场主导型"国家直接融资比重与"银行主导型"国家直接融资比重的差值从大约 15% 下降至 5%。"市场主导型"金融结构的经济体在防范风险中的表现也优于"银行主导型"金融结构的经济体，这也解释了"银行主导型"国家向"市场主导型"国家看齐的背后原因。

(三) 经济发展水平越高，往往直接融资体系越发达，贡献越大

在经济发展的过程中，金融结构的演变主要取决于实体经济活动对金融服务的要求，以及不同的金融中介在企业融资中的比较优势。从全球和各个国家的情况来看，经济发展水平越高，直接融资体系往往越发达。统计显示，1980—2018 年，高收入国家市值与 GDP 的相关系数为 0.95；美国市值与 GDP 的相关系数为 0.96[①]。

从经济发展对资金的需求角度来看，随着商业文明的发展，特别是工业化大生产的出现，大规模集合资金分散风险的需求使得更多的企业走向资本市场，通过股票或债券向广大投资者直接募集资金。随后重工业化的进程和高科技产业的崛起更是加速了这一过程，确立了资本市场在发达国家的主导地位。以美国为例，1913 年，美国股市的市值与银行存款的比例大致为 1.2，随后逐步攀升，尤其是在 1980—2000 年的新经济时代获得了巨大的增长，1999 年这个比例达到了 8.9。此后美国资本市场的规模大致稳定在一个较高的水平。

从资金提供方角度看，一国人均 GDP 达到一定水平后，财富管理和直接参与证券投资的需求会有所增加。如美国在 19 世纪八九十年代，共同基金等机构投资者快速增多，为广大投资者提供了相对专业的服务和稳定的回报。买方力量的机构化和壮大，极大地促进了直接融资的发展[②]。

随着经济发展水平提高，银行对经济增长的贡献度逐渐下降，证券市场对经济增长的贡献度不断上升。季益烽（2014）通过对 106 个经济体的金融结构与经济发展变动关系进行研究，发现无论是证券市场还是银行对经济发展的影响都对经济增长产生了正向显著的积极作用。但是他们的作用边际贡献度出现分化，随着经济的发展，证券市场对经济发展的贡献度

---

① 1980—2018 年，全球市值从 2.5 万亿美元增长至 68.65 万亿美元，GDP 从 11.22 万亿美元增长至 85.80 万亿美元，两者的相关系数为 0.9579；高收入国家市值从 2.44 万亿美元增长至 54.86 万亿美元，GDP 从 8.92 万亿美元增长至 54.12 万亿美元，两者的相关系数为 0.95；美国市值从 1.36 万亿美元增长至 30.44 万亿美元，GDP 从 2.86 万亿美元增长至 20.49 万亿美元，两者的相关系数为 0.96。

② http：//www.csrc.gov.cn/pub/newsite/yjzx/sjdjt/zbsczdjcyj/201505/t20150514_276935.html。

越来越大，而银行对经济发展的贡献度越来越小（见图 4-3）。

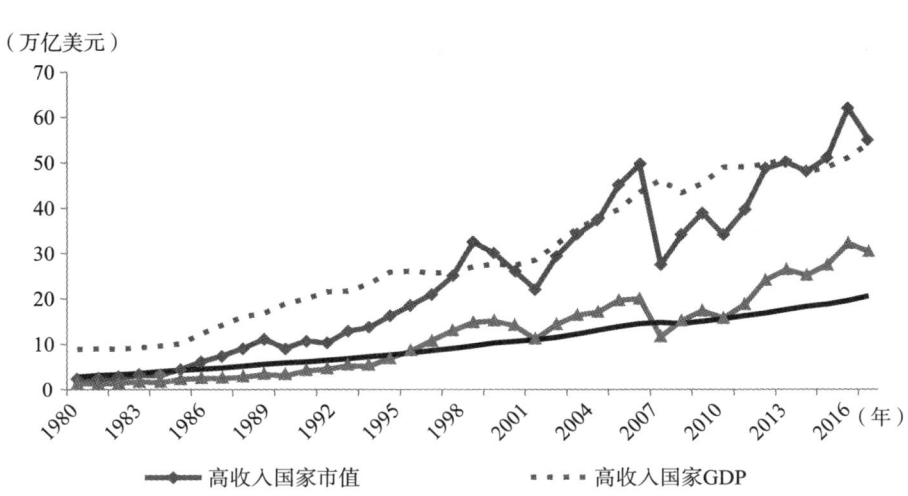

图 4-3　高收入国家及美国 GDP 和股市市值的关系

（四）直接融资比重并非越大越好，应与实体经济发展相适应

不能简单地认为一个国家的直接融资或股票融资占比越高越具优势。如果实体产业发展水平尚未达到需要直接融资主导金融结构的阶段，间接融资主导的金融结构反而能更有效地服务实体经济（林毅夫、付才辉，2019）。季益烽（2014）从中长期视角，以经济增长速率最快的 31 个经济体 1985—2010 年的数据为样本，对最优金融结构进行测度。再将其回归结果扩张到 104 个经济体，测算各自的最优金融结构，并计算金融结构缺口。金融结构缺口越高的国家，经济增长越慢，偏离最优金融结构将会阻碍经济的发展。

他的研究隐含以下重要结论：

（1）经济发展水平较低时，直接融资体系的发展不利于经济增长，而银行体系的发展更能促进经济的增长。在图 4-1 中可以看到，许多中低收入国家直接融资比重很高，但这并不意味着他的经济增长水平高。

（2）当经济处于中等发展水平时，直接融资体系的发展比银行体系的发展更有利于经济增长。

（3）当经济发展水平较高时，直接融资体系的发展助力经济增长的边际效应出现下降，金融结构对经济增长的影响力下降。

直接融资体系虽然对经济增长和经济发展意义重大，但也不能操之过急，要使金融结构率保持合适的比例方能有效促进经济增长。直接融资比重过度发展或者发展不足，以及银行过度发展或发展不足都将妨碍经济增长，两者应在不同的环境下保持协调，相互协同使经济保持在最优金融结构率水平。

（五）直接融资市场有利于修复内外部风险的冲击，增强金融体系的韧性

相比银行信用传导机制较强的顺周期性，直接融资市场往往具有更加能动的前瞻性、较短的顺周期性和较快的逆周期反应。在金融危机后的复苏过程中，直接融资比重较高的金融体系更有利于修复内外部的风险冲击。

IMF 曾深入观察过 17 个 OECD 经济体遭遇金融危机后的恢复情况，其中美国、澳大利亚等市场导向型的经济体的经济复苏速度和质量远高于以银行为主导的经济体。研究显示，市场导向型经济体在经济低谷之后的一年或两年内累积 GDP 增长率分别较银行导向型经济体高出 0.7% 和 1.4%。将高度市场导向和高度银行导向的经济体进行直接对比则会发现经济复苏速度的差距愈发明显，累积 GDP 增长率差额分别是 1.4%（一年）和 2.7%（两年）。IMF 的研究也显示，受 2008 年全球金融危机的影响，各国的经济受到了很大冲击，但"市场主导型"国家危机之后经济恢复的速度明显高于"银行主导型国家"。比如美国虽是金融危机的发源地，但在金融危机过后，其经济恢复速度明显快于日本、德国等国家[1]。

---

[1] 原文"Market Phoenixes and Banking Ducks Are Recoveries Faster in Market–Based Financial Systems?"：https：//www.imf.org/en/Publications/WP/Issues/2016/12/31/Market–Phoenixes–and–Banking–Ducks–Are–Recoveries–Faster–in–Market–Based–Financial–Systems–25216。

三、境外成熟市场提高直接融资比重的经验

(一) 机构投资者发展壮大，资本市场投资需求增加

20世纪60年代以来，全球主要证券市场的投资主体结构中机构投资者比重不断增加，使得资本所有权日益集中，并且证券市场成熟化程度越高，投资机构化的发展趋势就越显著。成熟资本市场中，以养老基金、保险基金、投资基金为主体的机构投资者获得了迅速发展，其行为也呈现出由传统的获取短期差价收益转向进行长期投资，对股权投资和长期债券的投资需求大幅增加，机构投资者逐渐成为证券市场的主导力量，其对资本市场和投资策略的影响也越来越大。

相对于个人投资者而言，机构投资者拥有资金、信息、人力资源等方面的优势，专业人员搜集、分析和追踪市场中各类投资信息，并研究、模拟和调整各种投资组合方案，计算、测试、模拟和追踪投资风险及分散风险的措施，管理、配置、开发和协调投资运行中的各种技术，因而能产生更高的投资收益和资源配置效率，符合证券市场发展规律[1]。

从西方七国（G7）机构投资者资产占GDP比重的变化来看（见表4-2），1980—1995年，机构投资者资产总额占GDP的比重迅速提高，1981年G7国家机构投资者资产占GDP平均值仅为33%，而1995年这一比重已增至91%，机构投资者的扩张速度远高于各国经济的增长率。据OECD的统计，在1981年OECD投资者的资产总额才3.2万亿美元，而1995年七国集团国家机构投资者资产总额骤增至20.6万亿美元，其中美国机构投资者拥有的资产总额高达11.8万亿美元，而同期全球股市总市值仅为18万亿美元[2]。

---

[1] 贝政新，冯恂：《机构投资者发展研究》，复旦大学出版社，2005年1月第1版，第11页。
[2] 贝政新，冯恂：《机构投资者发展研究》，复旦大学出版社，2005年1月第1版，第16页。

表 4-2　　西方七国（G7）机构投资者资产占 GDP 比重（%）

时间 国家	1980 年	1988 年	1990 年	1991 年	1992 年	1993 年	1994 年	1995 年
美国	59.3	88.1	127.4	139.6	145.7	155.2	153.5	170.8
英国	64.1	115.3	114.5	126.2	115.3	163.8	149.6	162.3
日本	23.1	50.3	81.7	79.3	78.1	81.4	84.9	77.4
德国	20.3	37.1	36.5	38.3	33.8	38.3	44.2	46.1
法国	23.4	46.1	52.9	60.1	58.3	69.7	72.5	75.3
加拿大	35.2	52.6	58.6	64.2	66.9	76.9	80.9	87.9
意大利	6.2	10.6	13.3	15.3	12.5	17.7	19.6	20.6

资料来源：OECD。

（二）新产业的兴起促使市场变革，多层次资本市场逐步建立和完善

20 世纪 70 年代，以微电子技术、生物工程技术、新型材料技术为标志的新技术革命在西方兴起，使得资本市场的需求结构发生了深刻变化。新技术革命的技术导向、创新驱动和高风险高收益的特点决定了其在成长过程中必然要匹配不同层次的资本市场形成机制。一般而言，处于幼稚期、初创期和种子期的企业无法从银行体系获得足够的信贷资金，而多层次资本市场的建立会扩大它们的融资选择权，不仅可以增加融资产品的种类，缩小其融资缺口，而且由于在多层次资本市场上筹集资金，要满足较为严格的信息披露要求，有利于这类企业识别风险特征，从而提高银行对企业可贷资金的比例。因此，多层次资本市场的发展，能够使早期阶段的企业资本结构进一步优化，减少债务风险和借贷成本，促进企业持续发展[①]。

20 世纪 70 年代之后，以创业板为代表的中小企业市场和私募市场快速发展，显著提升了资本市场的风险管理和定价能力，将资本市场的风险配置功能推向了一个新高度。1971 年美国纳斯达克成立并于 1975 年设置

---

① 参考 2018 年深交所研究所研究报告：《多层次资本市场改革研究》。

了第一套上市标准,得益于信息技术行业和科技服务业等新兴产业的兴起与快速发展,纳斯达克股票市场成长迅猛。目前,纳斯达克是最全球最成功的创业板市场。英国伦交所在1995年设立创业板市场AIM,主要定位于满足小型的、新兴的和成长型企业的IPO和后续持续融资需求。在AIM板上市的公司通常还没有达到在主板市场上市的所有标准,或者是没有更合适的市场融资途径,因而AIM成为这些公司进入公开市场挂牌的第一步。从美国1960—2000年上市公司市值分布情况看(见图4-4),20世纪70年代,特别是80年代之后,信息科技、生物医药以及金融类上市企业市值增加快于工业类上市企业市值。这主要得益于纳斯达克市场的成立和美国多层次资本市场的完善。回顾美国直接融资比重与高科技出口占比的历史趋势(见图4-5),两者呈现出较为显著的正向相关关系。在1989年至1999年的10年间,美国高科技出口占比由32.2%震荡攀升至34.3%,同期美国直接融资占比由77.2%显著上升至90.9%,直接融资市场为高科技产业技术发展提供了必不可少的资金支持。在随后的2000年至2018年,由于国际竞争日益激烈,美国高科技产品出口占比由33.8%逐步下降至18.9%,同期直接融资市场占比也由90.4%逐步下降至88.6%,二者呈现出较强的正相关性。

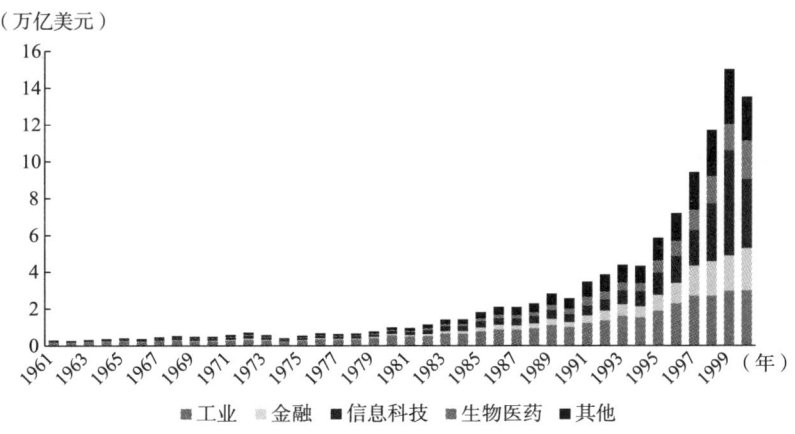

图4-4　美国1961—2000年上市公司市值分布

资料来源：https：//wrds-www.wharton.upenn.edu/。

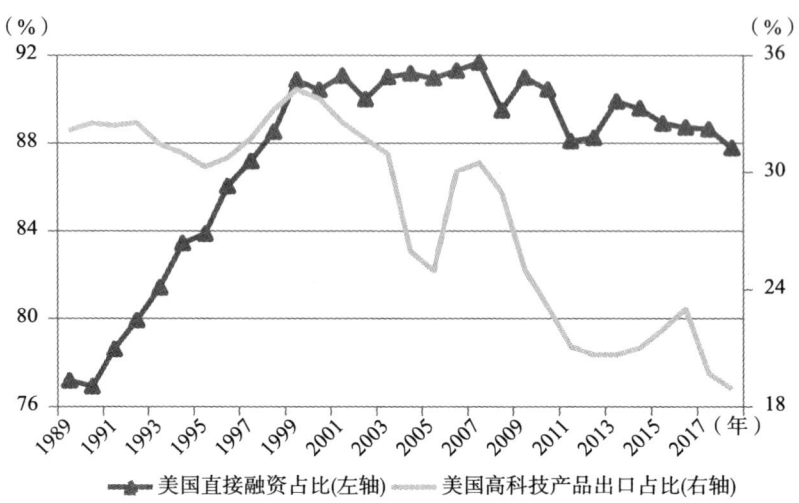

图 4-5　美国直接融资占比与高科技产品出口占比呈现出正相关关系

资料来源：国际清算银行，世界银行和 Wind。

（三）非银行金融机构发展迅速，助力投融资业务向精细化专业化发展

自二十世纪七八十年代以来，伴随着金融创新不断涌现，非银行金融机构、非银行金融资产不断壮大。除了传统的股权融资、债权融资外，还出现了以证券化为核心的融资模式，进而促进投资银行等金融中介机构的发展。以美国为例，从 1978 年到 2012 年，各类非银行金融机构的资产总额从 3 万亿美元扩张到 64.5 万亿美元；与此同时，非银行金融机构在整个金融体系的占比也不断扩大，从 1978 年的不到 48% 扩大到 2012 年的 75.5%。

根据美国金融稳定委员会（FSB）的研究，非银行金融机构（OFI）在过去增长迅速[①]（表 4-3）。总体而言，2017 年所有金融公司的全球金融资产总额（以下简称"全球金融资产总额"）平均增长 5.3%，达到 382.3 万亿美元，其中非银行金融机构资产规模为 200.2 万亿美元，占金

---

① 以下内容数据资料来源于金融稳定委员会（FSB）研究报告《Global Monitoring Report on Non-Bank Financial Intermediation 2018》。在 2008 年全球爆发金融危机的局面下，2009 年 4 月初伦敦 G20 峰会决议设立一个全球的金融监管体系，金融稳定委员会（Financial Stability Board）在此背景下应运而生。

融机构总资产规模的 52.37%。图 4-6 显示了 2002 年以来金融机构资产规模结构的变化,自 2008 年以来,银行在全球金融资产总额中的份额不断下降(从 45% 降至 39%),非银行金融机构的比重越来越大。

表 4-3　　FSB 21 个管辖区和欧元区各金融机构资产规模　(单位:万亿美元)

年份	中央银行	商业银行	公募基金	保险公司	养老保险	其他金融中介机构	非银行金融机构合计	金融机构合计
2002	5.1	57.0	11.5	15.2	12.1	28.2	67.1	129.5
2003	5.5	59.8	11.7	16.7	13.4	32.3	74.1	139.8
2004	6.2	66.0	11.6	18.0	14.6	36.7	80.9	153.5
2005	7.1	77.3	12.1	19.8	16.2	43.1	91.2	176.0
2006	7.6	84.2	12.1	21.1	17.6	50.1	101.0	193.2
2007	9.2	97.0	12.8	22.2	18.5	60.0	113.5	220.2
2008	13.2	112.4	13.3	19.4	18.8	61.1	112.5	238.5
2009	13.4	108.8	13.5	21.1	20.5	63.6	118.7	241.5
2010	14.8	114.1	13.1	22.5	22.5	68.5	126.7	256.1
2011	18.1	122.9	13.2	23.3	23.5	71.0	131.0	272.6
2012	19.9	126.6	13.5	25.1	25.2	77.5	141.3	288.5
2013	20.8	127.3	14.0	26.3	27.1	84.3	151.7	300.5
2014	22.6	134.7	14.5	28.4	28.8	94.5	166.2	324.3
2015	24.6	137.6	15.3	29.3	29.6	100.5	174.7	337.8
2016	27.7	146.8	16.2	31.3	31.6	108.4	187.5	363.0
2017	30.1	150.8	17.0	32.8	33.7	116.6	200.2	382.3

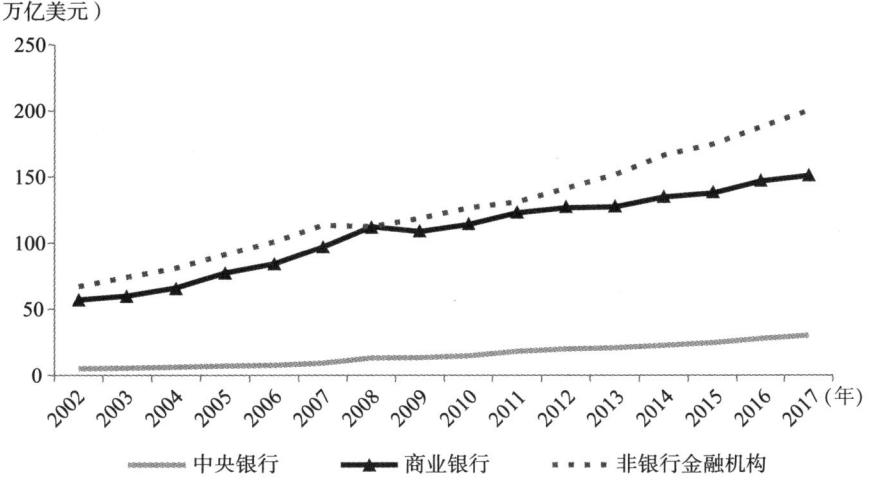

图 4-6　FSB 21 个管辖区和欧元区银行与非银行金融机构资产规模

(四) 政府积极推动金融改革，促进金融市场的竞争和开放

随着金融改革的推进，特别是金融自由化和金融脱媒的发展，海外国家直接融资都有一个被动提升的过程。20 世纪 80 年代以来，发达国家相继开始放松金融管制，发展中国家先后展开了以金融发展或金融深化为旗帜的金融体制改革，一场金融自由化运动在 80 年代席卷全球（表 4-4）。

表 4-4　　　　　　　主要国家和地区金融自由化时间

国家（地区）	起始时间（年）	大规模自由化时间（年）	速度	国家（地区）	起始时间（年）	大规模自由化时间（年）	速度
美国	1982	1973—1996	渐进	巴西	1989		激进
加拿大	1980	1973—1996		智利	1974	1985—1996	激进
日本	1979	1993—1996	渐进	哥伦比亚	1980	1995—1996	
英国	1981	1973—1996	激进	墨西哥	1974		激进
法国	1984	1985—1996		墨西哥	1989	1992—1996	渐进
德国	1980	1973—1996		秘鲁	1991	1993—1996	
意大利	1983	1988—1996		委内瑞拉	1991		激进
澳大利亚	1980	1986—1986	激进	以色列	1987	1991—1996	
新西兰	1984	1985—1996	激进	埃及	1991	1992—1996	激进
中国香港	1978	1973—1996		摩洛哥	1991	1996	
印度尼西亚	1983	1989—1996	渐进	南非	1980	1984—1996	激进
韩国	1983		渐进	土耳其	1980		激进
马来西亚	1978	1992—1996	渐进	土耳其	1988	1990—1996	激进
菲律宾	1981	1994—1996	渐进	巴基斯坦	1991		
新加坡	1978	1973—1996	渐进	孟加拉	1989		
中国台湾	1989			印度	1992		激进
泰国	1985	1992—199	激进	尼泊尔	1989		
阿根廷	1977	1977—1982	激进	斯里兰卡	1978		
阿根廷	1987	1993—1996	渐进				

注：美国、加拿大、英国、德国、中国香港和新加坡一直在进行大规模金融自由化，这里的起始日期指其某一项重大金融改革出台。

资料来源：国民经济调查；OECD 经济调查；IMF 研究报告；世界银行研究报告；《金融改革》Caprio, Atiyas, Hanson (1994)；《拉了美洲的危机与改革》Edwards (1995)；《拉美的经济和社会进步》泛美开发银行 (1996)；《东亚奇迹》，世界银行 (1993)；《亚洲金融部门的发展》，Zahid (1995)。黄金老著：《金融自由化与金融脆弱性》，中国城市出版社，2001 年第 1 版，第 191 页。

在美国，金融脱媒现象导致融资方式由间接融资转向直接融资。一方面，Q 条例限制了银行定期存款利率①。当市场利率超过 Q 条例规定的存款利率最高限时，例如 1966 年、1969 年、1974—1975 年、1979—1980 年，曾多次爆发"脱媒"危机，许多供给资金绕开商业银行体系，直接输送给需求方和融资者。另一方面，随着经济金融化、金融市场化进程加快，储蓄资产在社会金融资产中所占比重持续下降，商业银行主要金融中介的重要地位相对降低，由此引发的社会融资方式由间接融资为主向直接、间接融资并重转换。此外，金融深化（包括金融市场的完善、金融工具和产品的创新、金融市场的自由进入和退出、混业经营和利率、汇率的市场化等）极大促进了金融脱媒，提高了直接融资比重②。

在英国，撒切尔发动了一场宏大的金融改革，即金融"大爆炸"（Big Bang）③。1983 年以前，英国证券行业实行分业经营，证券承销、证券经纪和自营等业务是严格分开的，证券经纪实行固定佣金制，金融市场普遍缺乏活力和竞争力。在这个背景下，1986 年，英国议会通过了《金融服务法》，重构了英国金融系统框架，引入了外国金融机构等，把国内金融企业推向混业竞争。第一次金融大爆炸后，英国金融市场恢复了活力，外国金融机构大举进入英国金融市场。随着英国国际股票承销业务的发展和国际债券交易规模的提高，伦交所的国际化水平进一步提高，直接融资比重也相应提升。

在日本，出台了《金融制度改革：2001 年东京市场的复兴》改革方

---

① Q 条例（Regulation Q）是美联储的一项规则，最初的规则是根据 1933 年《格拉斯—斯蒂格尔法案》制定的。Q 条例禁止银行为活期存款支付利息，它还对其他类型的银行存款利率设定了上限。该条例的目的是限制银行恶性竞争争夺客户存款。

② 许传华，徐慧玲，周文：互联网金融发展与金融监管问题研究 [M]，北京：中国金融出版社 2015 版，第 36 页。

③ 其主要内容包括：（1）取消证券经纪人与证券交易商的界限，允许交易所会员兼从经纪商和自营商；（2）允许本国和外国金融机构申请成为交易所成员，即商业银行等金融机构可进入证券交易所进行交易；（3）取消最低佣金规定，手续费改为商议制；（4）允许外国公司 100% 地收购交易所会员公司（5）推出"股票交易所自动报价"和"股票交易所国际自动报价"计算机系统，实行全球全天候联机交易；（6）制定新的综合金融服务法。

案。20世纪80年代中后期,日本出现经济泡沫。随着日本银行将中央银行贴现率由2.5%五次上调至6%,1990年初东京证券交易所的股市暴跌,随后地价暴跌,日本进入平成大萧条时期。1995年,东京外汇市场的外汇交易额仅占三大金融中心的18%左右,东京的股票交易额仅占三大金融中心的17%左右,与1989年两个指标的27%和54%相比,出现大幅度下降。为推动经济复苏,1996年11月,日本政府出台了《金融制度的改革:2001年东京市场的复兴》改革方案。这一改革以2001年3月底作为最后时间界限,其基本目的是促进以间接金融为主的日本金融市场向以直接金融为主的方式转变,改革的中心内容是放松或撤销规制,促进市场竞争。

(五)监管体系和法律不断调整,分业监管转向统一监管

形成统一的金融监管体系,由分业监管转向统一监管。自20世纪80年代后期以来,一个值得注意的趋势是部分发达国家将银行监管职能从中央银行分离,成立单独的监管机构,重构金融监管体制。1997年英国颁布《2000年金融服务与市场法》,确立由分业监管转变为统一监管,成立英国金融服务监管局(Financial Services Authority,FSA)(以下简称"金管局")。改革后的英国金融监管权力高度集中,FSA成为英国唯一独立地对英国金融业实行全面监管的执法机构,拥有监管金融业的全部法律权限。之后,韩国(1998年4月)、澳大利亚(1998年7月)、卢森堡(1999年1月)、匈牙利(2000年4月)、日本(2000年7月)、奥地利(2002年4月)、德国(2002年5月)等国也先后跟进,进行了类似的改革[①]。

在金融体系调整过程中,法律和监管标准也在不断调整。法律不仅能为金融改革提供立法保证,引导建立新的金融秩序,而且也是金融监管体制调整的法律依据。美国英国等发达国家都是以集中清理修订相应的法律法规为突破口,通过颁布新法律的形式来设定金融改革方向、原则、步骤和实施形式。如美国《1999年金融服务现代化法》为美国以金融控股公

---

① 王忠生:《中国金融监管制度变迁研究》,湖南大学出版社2012年版,第62页。

司形式实现混业经营和建立分业监管与混业监管相结合的金融监管体制提供了法律依据；英国 1986 年颁布的《金融服务法》为英国实行混业经营扫除了障碍，《2000 年金融服务和市场法》则为英国混业监管体制的确立提供了法律保障；此外还如日本在"东京金融大爆炸"时期出台《外汇管理法》和《日本银行法》。这些金融监管法律的颁布明确了新成立的金融监管机构和被监管者的权力、责任及义务，统一了监管标准，规范了金融市场的运作。

四、创新需要什么样的金融结构

关于市场主导型与银行主导型金融结构的重要性及其与经济发展之间的关联，银行主导型支持者认为，银行等金融中介在信息搜集和处理方面具有优势，能够更好地应对金融交易中信息不对称等风险。市场主导型倡导者则认为，资本市场能够更好地支持企业创新。

（一）从美、英历史看，美国直接融资为新兴科技产业提供了重要支撑

18 世纪末，英国依靠中央银行和商业银行为主体的间接融资为工业发展注入资本燃料，促进了钢铁、铁路、煤矿和纺织等产业的规模化发展，实现了第一次工业革命。但随着传统产业资本回报率的下降，过于重视短期回报而不愿承担长期创新风险的银行体系使资本最终走向高度集中和垄断，从而将目光投向海外市场和殖民活动。相比之下，在继承和吸收英国传统银行体系优势的基础上，美国发展起了较为成熟的资本市场（投资银行）直接融资体系，凭借兼并、重组等专业化能力发展大型重工业和科技产业，支撑美国完成第二次工业革命，成为世界头号强国。在以信息技术革命为主要特征的第三次产业革命中，美国直接融资与产业结合更为紧密，为高科技产业和技术创新提供了重要支撑。

(二) 从美、德、日看，市场主导型更容易产生颠覆式、原创性技术创新

如果美国直接融资体系促进了高科技产业发展和技术创新，那德国和日本的技术创新该如何解释？德国银行主导的金融体系曾在第二次产业革命中满足了工业规模扩张对资本的需求，促进了电力和钢铁等新兴产业发展。多年来德国的技术和创新大多数是实力雄厚的大型企业依靠创新性改进和升级完成，是典型的寄生性技术创新，这显然不同于美国原创性、颠覆式的革命性技术创新特征，因而风险特征和融资需求也不会相同。德国的这种寄生型技术创新风险相对较小，依靠大企业内部融资和银行信贷融资即可满足。而日本的技术创新类型也有异于美国，日本技术创新大多是基于原有产品的性能、质量等便利性特点进行改良和改进，其风险和不确定性程度远弱于美国从无到有的原创性创新，这种生活便利式的技术创新的融资规模较小。此外，日本曾引进美国的晶体管技术，在"引进 + 模仿"基础上进行二次开发，这种技术类型的不确定性也弱于美国当初开发晶体管的自主创新，因而产生了两者融资需求间的差异。需要特别强调的是，近年来，德国、日本的直接融资比重不断提高，已大大缩小了与美国的差距。

第二节　资本形成助力高质量发展：我国直接融资体系的历史变迁

近年来，中国金融业发展迅速，在促进直接融资规模方面已经取得了较大的成绩。2018 年，中国银行业资产规模全球第一，股票市值和债券余额全球第二，保险业保费收入全球第二[①]。但金融发展的不平衡、不充分

---

① 据 Wind 的数据，2018 年股票市值排名前三位：美国（30.4 万亿美元）、中国（6.3 万亿美元）、日本（5.3 万亿美元）。据国际清算银行的数据，2018 年债券余额排名前三位：美国（41.3 万亿美元）、中国（12.9 万亿美元）、日本（12.5 万亿美元）。

问题不仅影响了实体经济融资的可得性,还造成杠杆高企、监管套利丛生、新兴金融创新无序等金融市场乱象,加大了金融风险的潜在隐患。

一、我国产业结构和金融结构的互动

新中国成立以来,我国融资结构经历了"财政融资→间接融资为主、直接融资萌芽→间接融资为主、多层次资本市场雏形初现→间接融资为主、多层次资本市场基本形成"的发展路径,而产业结构经历了"重工业优先发展→轻、重工业协同发展→重化工业化发展阶段→产业结构向世界前沿升级转型",呈现出融资结构不断适应产业结构的动态过程。

(一)改革开放以前,财政融资支撑重工业优先发展战略(1949—1978年)

新中国成立初期试图短期内建立起完整的工业体系,实施优先发展重工业战略。重工业是资本高度密集的产业,具有三大特征:一是建设周期长,二是关键技术、设备需要从国外进口,三是需要投入大量资金。作为一个农业大国,中国通过市场化的融资手段难以支撑重工业的发展,财政成为吸收资本的主要渠道源。财政动员资金的主要方式为:工商企业上缴的利税、农民与初级产品生产者以价格形势的纳税、城镇就业者的收入调节部分。1952—1978年,国内储蓄率达27.8%,而居民储蓄率仅为5%。在财政动员资金的体制下,只有中国人民银行一家银行,掌握全国金融资产总额的93%,作为现金、信贷和结算中心,不具有独立资源配置权。这一时期,资本市场直接融资还未形成。

(二)轻、重工业协调发展,间接融资逐步取代财政融资(1978—1997年)

1978年以后,我国在经济体制、发展目标和工业化战略等方面发生了重大转变,发展战略由过度倾斜重工业,转向支持轻、重工业均衡发展。

1978—1997 年是中国产业结构调整阶段，重工业占比从 56.9% 下降至 51%，轻工业占比由 43.1% 上升至 49%[①]。

与产业结构调整相适应的是，中国融资结构逐步由财政主导向间接融资主导转变。财政作为动员资金的主要手段逐步消失。这是因为，一方面，居民收入分配坚持效率优先，兼顾公平的原则，解冻长时期冻结发放的工资，增加职工个人消费；在处理国家与企业之间的关系上，经历了从企业利润留成，到企业利改税，再到企业所得税改革，基本实现了财政与企业经营的分离；在处理中央财政与地方财政的关系上，逐步实现分税制。另一方面，在间接融资体系建设方面，1983 年中国人民银行被确定为中央银行，此后逐步建立起由一家中央银行、四大国有商业银行、政策性银行、若干股份制银行、合作银行、合资银行及外资银行共同组成的银行体系。同时，允许银行对中长期固定资产投资发放贷款，银行在提供企业流动资金方面的作用也不断增强，1995 年银行对企业发放的流动资金贷款相当于企业全部流动资金的 104.25%。

资本市场形成，作为银行体系为国有企业融资的补充，逐渐发挥作用。政府主导型间接融资方式造成风险集中于银行体系，积极发展资本市场成为理性选择。据统计，包括股票、债券和银行承兑票据在内的直接融资在企业新增融资额中所占比重在 1997 年已达 23%。但 20 世纪 90 年代资本市场尚不能发挥足够作用，原因在于中国资本市场依托的仍是一个具有众多非市场因素的环境。从股票市场来看，一级市场发行按地区和行业分配额度，造成企业热衷于争夺指标，忽视资金运营管理。截至 1997 年，我国企业从股票市场累计融资额为 1800 亿元左右。从债券市场来看，企

---

① 产业结构转变的原因在于：一是扭转过去过分强调积累、抑制消费所带来的弊端，补消费不足的课，即在 1979—1981 年间采取压缩基本建设和扶持轻工业发展的方针。二是在 1982—1985 年，侧重扭转重工业内部循环过强的弊端，调整和改造重工业，增强重工业为轻工业服务的功能，为轻工业提供装备的机械工业得到较快发展。三是在 20 世纪 80 年代中期以后，以家用电器为代表的耐用消费品工业得到持续、高速的增长，实现耐用消费品的升级换代。四是在 20 世纪 80 年代后期，针对重工业中的基础工业发展明显不足，"瓶颈"制约日益严重的状况。中央和地方政府通过采取加大基础工业投资力度、引进外资和逐步提高基础工业产品价格等措施，促进基础工业的快速发展。

业债券的计划管理体制约束了债券发行，同时融资成本高于同时期股票融资，信用债市场发展较差。从 1986 年国家有计划地批准发行企业债券到 1996 年底，债券累计发行额为 2183.34 亿元。

（三）重化工业阶段，直接融资重要性提升（1998—2011 年）

我国自 1998 年以来进入重化工业阶段。从产业占比来看，重工业占比从 1998 年的 50.7% 逐步增加至 2005 年的 68.9%。从居民消费结构来看，在满足基本生活需要的食品和衣着的消费支出比重不断下降的同时，与生活质量提高相关的交通通讯、居住、医疗保健和娱乐教育文化服务的消费支出比重持续上升。从投资需求增长来看，对经济增长的贡献增加较快，是重化工业快速发展拉动的结果。从出口需求结构方面来看，电子通信、电气机械、设备制造和化工等产品出口份额逐步扩大。这个阶段我国重化工业化层次较低，作为中间投入品的原材料工业的占比偏大，资本密集型的装备制造业占比相对较低，整体来看工业中各部门的生产率水平不高，与工业发达国家相比存在较大差距。

间接融资在支持技术含量较低的重化工业化阶段具有优势，但直接融资的作用正在增强，多层次资本市场体系雏形已现，债券市场快速发展。间接融资的优点是资金动员规模大、资金成本低，同时还能高效地投向需要资金的领域，这与我国 1998—2011 年产业结构发展阶段特点相适应。但随着产业结构不断升级，直接融资体系不断改革，多层次资本市场体系的雏形逐步显现。在关键制度改革上，2005 年 9 月，《上市公司股权分置改革管理办法》正式出台，解决了困扰市场 15 年的股权分置问题。资本市场体系分别于 2004 年和 2009 年设立了中小板和创业板。从产品上来看，推出了交易型开放式指数基金（ETF）和上市开放式基金（LOF）。

1998 年以后，债券市场发展也驶入快车道。从债券品种来看，面向金融机构先后推出政策性金融债、央行票据、混合资本债、一般性金融债、次级债券，同时进行了资产证券化试点；面向企业推出了企业短期融资券、公司债券和中期票据。从债券市场工具来看，推出债券买断式回购，同时银行间市场推出债券远期交易、人民币利率互换等衍生产品。从市场规模来看，1997—2012 年，发行量、交易量和托管量年均增速分别为 23%、43% 和 34%，规模分别增长至 8.8 万亿元、247 万亿元和 25.4 万亿元。

（四）适应创新驱动发展，将直接融资特别是股权融资摆到重要位置（2012 年以来）

2000—2005 年，我国高科技产品出口占比得到了长足的发展，由 19.0% 显著提升至 30.5%，同期直接融资占比由 35.8% 上升至 45.2%，直接融资市场发展成为科技创新和技术进步的重要推动力量。2012 年以来，我国产业结构向世界前沿转型升级，创新驱动发展成为产业转型升级的新动力。2012 年，第二、三产业实现增加值比重相等，达 45.3%，此后第三产业取代第二产业，成为国民经济中的主导产业。从技术密集程度来看，以高技术制造业和高技术服务业为代表的知识和技术密集型产业占比不断提升，2013—2016 年，我国高技术制造业增加值年均增长 11.3%，比规模以上工业同期年均增长率高出 3.8 个百分点（见图 4-7）。

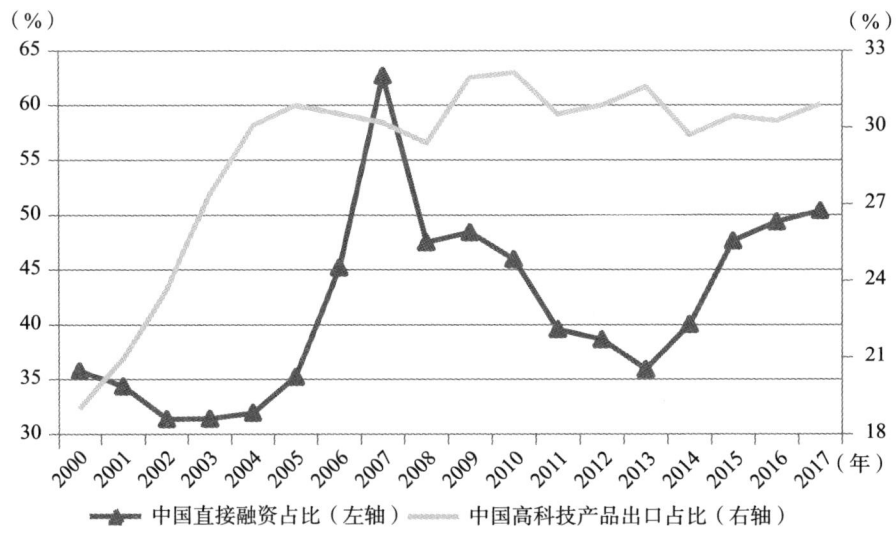

图 4-7 中国直接融资市场为高科技产业提供了有力支持

直接融资尤其是股权融资有利于创新发展，我国 2012 年以来的直接融资体系改革，实际上是融资机构不断适应产业结构变迁的过程。2014 年国务院发布了《关于进一步促进资本市场健康发展的若干意见》，构建了多层次资本市场的基本结构。在多层次股票市场体系方面，区域性股权交易市场、全国中小企业股份转让系统（新三板）和科创板相继推出。新三板挂牌公司达 1.07 万家，股权融资规模约 4700 亿元。在全国 34 家区域性股权市场合计有约 2.48 万家挂牌企业，累计为企业实现各类融资 9063 亿元，其中股权融资 669 亿元。在债券市场方面，支持公司融资的信用债扩容迅速，2018 年达 36.77 万亿元。在培育私募市场方面，创业投资基金（VC）作为连接早期初创阶段高新技术企业和资本市场的重要工具，基金存量规模为 0.89 万亿元。

二、我国"提高直接融资比重"的政策变迁

自 1996 年朱镕基提出"扩大直接融资规模"以来，每年一些国家重要文件都会提到"提高直接融资比重"，虽然表述类似，但承载的使命、任务却大不相同。

为支持国企股份制改革，2000 年首提"增加企业直接融资比重"。20 世纪 90 年代中后期，以纺织、家电等为代表的制造业出现产能过剩，许多国有企业亏损，有些行业产能利用率不足 40%，经济体内部出现三角债问题，银行不良贷款率高达 30%。同时，在 1997—1998 年亚洲金融危机的外部冲击下有效需求减少，国有企业发展面临一些困境。在这样的背景下，2000 年政府工作报告首提"增加企业直接融资比重"，目的是支持国企股份制改革，为国企化解债务危机。

为进一步深化改革，2004 年提出大力发展资本市场，加快发展债券市场。20 世纪初，我国经济体制改革取得重要进展，但仍与经济全球化和科技进步不匹配。为适应全面建设小康社会的新形势，加快推进改革，进一步解放和发展生产力，2003 年党的十六届三中全会提出"扩大直接融

资"。为贯彻这一精神，2004 年国务院发布《关于推进资本市场改革开放和稳定发展的若干意见》，提出要"大力发展资本市场，提高直接融资比例"。当时，债市滞后于股市发展，2005 年美国债券发行规模大约是股票发行的 6.5 倍，而中国债券发行的企业债和公司债仅相当于同期股票筹资额的 44%。这个时期政策在强调提高直接融资比重的同时，偏向于扩大债券市场规模。如 2004 年政府报告提出"扩大企业债券发行规模"，而 2007 年政府工作报告提出"加快发展债券市场"。债市发行规模由 2004 年的 2.74 万亿元增长至 2008 年的 7.31 万亿元。

为发挥直接融资市场的资金动员能力，2010 年提出"积极扩大直接融资"。2007 年次贷危机爆发，我国经济从需求端拉动经济增长，直接融资市场是重要的资金动员渠道，但是数据显示 2009 年前三季度的融资结构中，间接融资占比达 82.9%，直接融资占比较低。故 2009 年中央经济会议和 2010 年《国务院政府工作报告》都提出"积极扩大直接融资"，目的是"更好地满足多样化投融资需求"。

为推动创新驱动发展，2014 年提出"促进直接融资与间接融资协调发展"。自 2010 年以来，我国经济发展面临外部需求萎缩、产业结构转型升级滞后、人口红利逐渐减少和资源环境约束不断加强的挑战，经济增长速度由高速转向中高速。加快产业结构升级、推动创新驱动发展、坚持质量效应型集约型增长是现阶段中国经济应对挑战的必由之路。在经济新常态的背景下，中央政府转变思路，宏观经济管理重心由需求侧转向供给侧。为实现这一转变，深化资本市场改革，2014 年 5 月国务院发布《关于进一步促进资本市场健康发展的若干意见》，提出"促进直接融资与间接融资协调发展，提高直接融资比重"，并确定中长期资本市场改革方向，更加强调直接融资市场改革的系统性、整体性、协同性。

为有效防控金融风险，服务实体经济，当前提出资本市场"牵一发动全身"。随着我国宏观杠杆率和社会融资成本不断增长，中央日益重视扩大直接融资对服务实体经济、防控金融风险的重要作用。2015 年《国务院政府工作报告》提出"提高直接融资比重，降低社会融资成本，让更多的金融活水流向实体经济"。2017年全国金融工作会议指出"把发展直接融资放在重要位置，改善间接融资结构，降低融资成本，建设普惠金融体系"。2017年党的十九大提出"深化金融体制改革，增强金融服务实体经济能力，提高直接融资比重，促进多层次资本市场健康发展"。2018年以来，外部环境日益复杂严峻，经济下行压力加大，经济健康、稳定发展对扩大直接融资的需求更加迫切。2018年底，中央经济工作会议强调，"资本市场在金融运行中具有牵一发而动全身的作用，要通过深化改革，打造一个规范、透明、开放、有活力、有韧性的资本市场"。2019年2月习近平总书记再次强调这一论述，扩大直接融资成为金融供给侧改革的重要环节（见表4-5）。

表4-5　　　中央关于扩大直接融资的政策演变情况

时间	政策文件	内容
2000年3月5日	《2000年国务院政府工作报告》	进一步规范和发展证券市场，增加企业直接融资比重。完善股票发行上市制度，支持国有大型企业和高新技术企业上市融资。宜于实行股份制的国有大中型企业，要利用股票市场，抓紧进行股份制改革
2000年8月24日	《关于鼓励和促进中小企业发展若干政策意见的通知》	逐步扩大中小企业的直接融资渠道，逐步放宽中小企业特别是高新技术企业上市融资和发行债券的条件
2003年10月14日	《中共中央关于完善社会主义市场经济体制若干问题的决定》	积极推进资本市场的改革开放和稳定发展，扩大直接融资
2004年2月1日	《国务院关于推进资本市场改革开放和稳定发展的若干意见》	要认清形势，抓住机遇，转变观念，大力发展资本市场，提高直接融资比例，创造和培育良好的投资环境，充分发挥资本市场在促进资本形成、优化资源配置、推动经济结构调整、完善公司治理结构等方面的作用，为国民经济持续快速协调健康发展和全面建设小康社会作出新的贡献

续表

时间	政策文件	内容
2004年3月5日	《2004年国务院政府工作报告》	推进资本市场改革开放和稳定发展,扩大企业债券发行规模,逐步提高企业直接融资比重
2007年3月5日	《2007年国务院政府工作报告》	大力发展资本市场。推进多层次资本市场体系建设,扩大直接融资规模和比重。稳步发展股票市场,加快发展债券市场,积极稳妥地发展期货市场。进一步加强市场基础性制度建设,推进股票、债券发行制度市场化改革,切实提高上市公司质量,加强市场监管
2007年10月24	党的十七大报告	优化资本市场结构,多渠道提高直接融资比重
2009年12月	中央工作经济会议	要求积极扩大直接融资,引导和规范资本市场健康发展
2010年3月5日	《国务院政府工作报告》	积极扩大直接融资。完善多层次资本市场体系,扩大股权和债券融资规模,更好地满足多样化投融资需求
2011年3月5日	《国务院政府工作报告》	提高直接融资比重,发挥好股票、债券、产业基金等融资工具的作用,更好地满足多样化投融资需求
2012年9月18日	《金融业发展和改革"十二五"规划》	"十二五"直接融资占社会融资比重超15%,金融服务业增加值占GDP比重保持在5%左右
2013年11月15日	《中共中央关于全面深化改革若干重大问题的决定》	健全多层次资本市场体系,推进股票发行注册制改革,多渠道推动股权融资,发展并规范债券市场,提高直接融资比重
2014年5月9日	《关于进一步促进资本市场健康发展的若干意见》	紧紧围绕促进实体经济发展,激发市场创新活力,拓展市场广度深度,扩大市场双向开放,促进直接融资与间接融资协调发展,提高直接融资比重,防范和分散金融风险
2015年3月5日	《2015年国务院政府工作报告》	加快资金周转,优化信贷结构,提高直接融资比重,降低社会融资成本,让更多的金融活水流向实体经济

续表

时间	政策文件	内容
2016年3月17日	《第十三个五年（2016—2020年）规划纲要》	积极培育公开透明、健康发展的资本市场，提高直接融资比重，降低杠杆率
2017年3月5日	国务院政府工作报告	推动企业兼并重组，发展直接融资，实施市场化法治化债转股，工业企业资产负债率有所下降
2017年7月14日	习近平在全国金融工作会议上的讲话	把发展直接融资放在重要位置，改善间接融资结构，降低融资成本，建设普惠金融体系，加强对小微企业、"三农"、精准扶贫、绿色发展等的金融服务，才能让金融之"水"更好地浇灌实体经济之"木"
2017年10月18日	党的十九大报告	深化金融体制改革，增强金融服务实体经济能力，提高直接融资比重，促进多层次资本市场健康发展
2018年3月5日	《国务院政府工作报告》	管好货币供给总闸门，保持广义货币M2、信贷和社会融资规模合理增长，维护流动性合理稳定，提高直接融资特别是股权融资比重
2018年12月21日	中央经济工作会议	稳健的货币政策要松紧适度，保持流动性合理充裕，改善货币政策传导机制，提高直接融资比重，解决好民营企业和小微企业融资难融资贵问题
2019年3月5日	《国务院政府工作报告》	改革完善资本市场基础制度，促进多层次资本市场健康稳定发展，提高直接融资特别是股权融资比重。增强保险业风险保障功能

资料来源：根据公开资料整理。

三、当前我国直接融资市场结构概况[①]

（一）以存量法计算对比，我国与成熟市场差距较大

我国2018年直接融资占比只有约48.7%，低于美国（87.8%）、加拿大（74.1%）等市场主导型金融体系，也不及日本（74.0%）、德国（61.8%）等银行主导型金融体系。我国与市场主导型金融体系相比，差距的原因既包括股权融资，也包括债券融资上的不足；与银行主导型金融机构相比，差距的原因主要是债券融资的不足（见表4-6）。

表4-6　　　　　　　不同国家直接融资结构发展现状

国家	2018年相关数值（%）			近五年均值（%）		
	股市占比	债券占比	直接融资占比	股市占比	债券占比	直接融资占比
美国	37.24	50.54	87.78	37.76	51.08	88.84
澳大利亚	28.60	42.43	71.04	29.78	43.29	73.06
加拿大	28.25	45.83	74.08	29.43	44.20	73.63
市场主导型平均	31.37	46.27	77.63	31.24	45.21	76.44
葡萄牙	8.19	40.82	49.01	8.41	39.66	48.06
西班牙	16.77	45.40	62.17	18.15	43.64	61.79
奥地利	10.66	45.89	56.55	11.12	47.81	58.93
德国	20.46	41.36	61.82	22.02	41.90	63.92
日本	22.03	51.98	74.02	23.17	51.16	74.33
银行主导型平均	15.56	43.63	59.19	16.57	44.83	61.41
中国	16.00	32.66	48.66	21.16	26.34	47.49

资料来源：世界银行，国际清算银行。

[①] 为全面分析我国当前的融资结构，本书采用存量法和增量法两种方法计算直接融资占比。存量法采用祁斌和查向阳（2013）的计算方法，计算公式为：$\frac{股市市值+债券余额}{银行贷款余额+股市市值+债券余额} \times 100\%$，主要是进行横向的国度比较。增量法计算公式为：$\frac{非金融企业股票融资+企业债券}{社会融资规模} \times 100\%$，主要是对我国近年的融资结构进行纵向比较。

（二）用增量法计算比较，我国仍以间接融资为主

2013—2020年，我国直接融资规模在1.3万亿元至4.2万亿元之间，总融资额7%~24%，多数年份低于20%。2020年底，我国直接融资比重为15.3%，其中股权融资比重为2.6%。此外，在去杠杆背景下，债券融资占比从2016年的16.8%稳步下降至12.8%（见表4-7、图4-8）。

表4-7　　　　　　　　　　我国直接融资概况

年份	社会融资规模（亿元）	企业债券融资规模（亿元）	非金融企业境内股票融资（亿元）	直接融资规模（亿元）	企业债券融资占比（%）	非金融企业境内股票融资占比（%）	直接融资规模占比（%）
2002	20112	367	628	995	1.8	3.1	4.9
2003	34113	499	559	1058	1.5	1.6	3.1
2004	28629	467	673	1140	1.6	2.4	4.0
2005	30008	2010	339	2349	6.7	1.1	7.8
2006	42696	2310	1536	3846	5.4	3.6	9.0
2007	59663	2284	4333	6617	3.8	7.3	11.1
2008	69802	5523	3324	8847	7.9	4.8	12.7
2009	139104	12367	3350	15717	8.9	2.4	11.3
2010	140191	11063	5786	16849	7.9	4.1	12.0
2011	128286	13658	4377	18035	10.6	3.4	14.1
2012	157631	22551	2508	25059	14.3	1.6	15.9
2013	173169	18111	2219	20330	10.5	1.3	11.7
2014	164571	24253	4350	28603	14.7	2.6	17.4
2015	154086	29399	7604	37003	19.1	4.9	24.0
2016	178022	29993	12416	42409	16.8	7.0	23.8
2017	261536	6277	8892	14908	2.4	3.4	5.7
2018	224920	30600	4185	34784	11.7	1.6	13.3
2019	255753	33215	3662	36615	12.7	1.4	14.0
2020	348633	33477	6800	40015	12.8	2.6	15.3

资料来源：Wind。

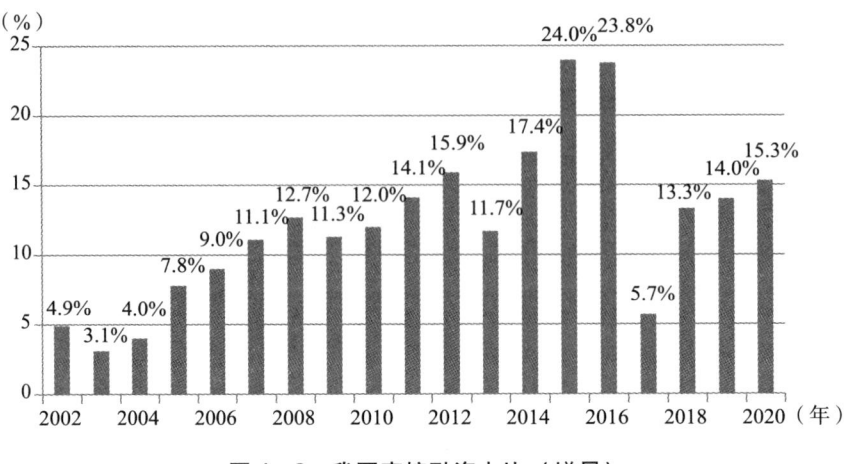

图 4-8 我国直接融资占比（增量）

资料来源：Wind。

（三）股权融资占比过低，国债、地方债、金融债占比较高

直接融资内部结构也存在失衡。一方面，直接融资以债权融资为主，股权融资占比较低。2020 年股权融资占社会融资总量的比例仅为 2.6%（见表 4-8）。另一方面，债券市场内部也存在不平衡。国债、地方政府债和金融债占比较高，公司债和企业债占比偏低，而针对民营企业、中小微企业、初创企业和一些高速成长阶段的高科技企业的高收益债市场仍处于起步阶段（见表 4-8）。

表 4-8　　　　　　　　　　我国债券融资内部结构

类别	债券数量（只）	债券余额（亿元）	余额比重（%）
国债	271	206859	18.10
地方政府债	6230	254864	22.30
央行票据	3	150	0.01
同业存单	15434	111168	9.73
金融债	2204	270638	23.68
企业债	2603	22694	1.99
公司债	8979	89221	7.81

续表

类别	债券数量（只）	债券余额（亿元）	余额比重（%）
中期票据	6260	74775	6.54
短期融资券	2292	20929	1.83
定向工具	2970	21323	1.87
国际机构债	16	320	0.03
政府支持机构债	166	17225	1.51
资产支持证券	9092	45602	3.99
可转债	400	5339	0.47
可交换债	96	1721	0.15
其他	48	124	0.01
合计	57064	1142953	100.00

资料来源：Wind，截至 2020 年 12 月 3 日。

四、直接融资在我国经济发展中的作用

通过对金融系统的理论研究发现，在推动新兴产业发展、促进增长动力转换上，与间接融资相比，以资本市场和创业投资为代表的直接融资体系具有以下比较优势：（1）更分散的投融资决策，有利于挖掘新增长点；（2）更灵敏的价格信号有利于资源流动配置；（3）更公开的信息披露有利于创新外溢和联动；（4）更广泛的风险分散有利于消化试错成本。直接融资体系是创新发展的先锋队和播种机。

（一）推动科技创新，激励更多人才投身创新创业

由于科技创新活动研发投入大、技术迭代快、经营不确定性高，同时具有高智力、轻资产的特点，传统金融机构往往"不敢投""不愿投""不能投"。直接融资体系通过更加全面、深入、精准的信息披露，依靠中介机构的专业能力以及广大投资者的理性判断，能有效识别、吸收和化解风险，为创新企业提供不同期限、不同风险偏好的资金，帮助企业改善公

司治理能力，实现企业的规范健康发展。从全球经济发展的实际看，战略性、创新型企业的发展壮大往往离不开完善的多层次资本市场体系支撑。无论是美国的"FAANG"（脸书、苹果、亚马逊、奈飞、谷歌）还是我国的"BATJ"（百度、阿里、腾讯、京东），这些知名企业都与资本市场的支持密不可分。此外，直接融资是风险分散、利益共享的主渠道，能够激励更多富有创新精神的人才投身其中。2014年至2018年底，深市上市公司共宣布进行股权激励接近900次，只创业板股权激励人数就超过11万人。股权激励将股东、公司和经营者结合在一起，使各方共同致力于公司的长远发展、持续奋斗。2020年6月22日，深交所创业板试点注册制下正式受理首批33家企业申报，标志着创业板改革试点注册制正式进入实操阶段。创业板改革兼顾增量与存量市场，有利于增强资本市场服务创新创业的能力，促进经济高质量发展。

（二）通过并购重组，促进经济结构转型升级

并购重组、再融资优化资源配置的重要手段，也是直接融资的主要方式。通过并购重组，淘汰落后产能，加快市场出清，帮助企业整合资源，不仅能够促进企业做大做强、抢占行业产业制高点，也能提高企业生产效率、促进产业结构调整升级。以深市为例，2017—2018年，深市上市公司共实施并购重组296单，并购交易金额8871.67亿元，其中战略新兴产业上市公司并购重组单数和金额占比分别超过五成和四成，标的主要分布在信息技术、生物医药、设备制造等领域。通过并购重组，上市公司延伸了产业链和价值链，更多创新能力强、发展前景广、契合转型要求的新经济力量也有机会进入资本市场。

（三）降低宏观杠杆率，防范金融系统性风险

自2009年以来，我国宏观杠杆水平不断提高，但从2011年开始，GDP增速反而下降（见图4-9），这种"剪刀叉"表明资本配置效率下滑。习近平总书记指出，资本市场是我国金融体系中的短板，直接制约着

去杠杆的进程。高杠杆是中国宏观金融脆弱性的总根源。在降低宏观杠杆的背景下,发展直接融资,尤其是股权融资,更被视为降杠杆的重要方式。债券融资虽然是直接融资的重要组成部分,但资金来源很大部分直接或间接地出自商业银行,仍然带有一些间接融资的色彩。而且,加大债券融资规模虽然能够提升直接融资占比,但对金融去杠杆贡献微薄。大力发展直接融资特别是股权融资,能够为企业增加长期资本,从源头上减少对债务融资的依赖,有效解决高杠杆的问题。

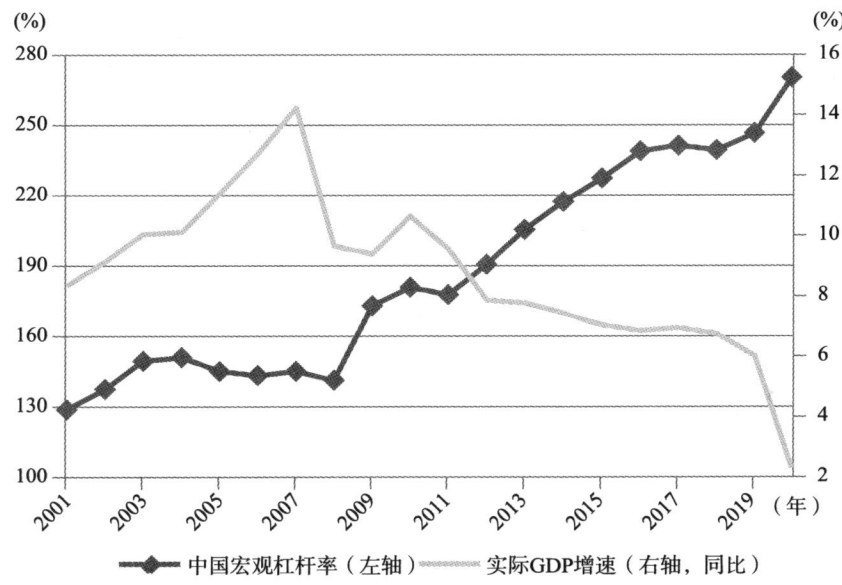

图4-9 中国宏观杠杆率与实际GDP走势出现"剪刀差"

资料来源:Wind。

(四) 规范公司运作,提高了居民对国民经济的参与度

直接融资市场对现代公司治理机制的形成具有决定性作用。现代公司制度起源于荷兰,随后出现证券交易所。在直接融资市场交易的公司面临着控制权与经营权的分离问题,逐步催生出了一整套完整的治理机制,形成了股东会、董事会等治理机构。一方面,构建现代企业制度,是进入直

接融资市场的先决条件。上市公司透明度较高,运作相对规范,对其他企业会形成一种崇尚科学治理的示范;另一方面,直接融资市场是一个公众市场,公开透明的运行特点,促进了以市场约束机制为基础的法律和诚信体系的构建,培育了一个社会的股权文化,通过投资直接融资市场,居民开始关心企业和宏观经济的发展,参与公司治理,分享经济成果,有力推动了"三公"原则、规则意识、契约精神落地生根。

第三节 创新资本形成所需的直接融资结构探析

实体经济结构特征的变化是导致金融结构变化的根本性原因。理解金融结构及其变迁的内生性,是分析金融结构与经济发展之间关联的基础与关键。

一、金融结构决定因素的理论探讨

以林毅夫为代表的新结构经济学家们认为,处于不同经济发展阶段的国家具有的不同的要素禀赋结构内生性决定了不同的最优产业结构。理论上,只有金融服务供给结构中的各种制度安排能够匹配国民经济中不同产业的需求,从而将被动员的资金进行最优配置,获得最高的回报和最小的风险,创造最大的剩余价值。一国金融结构实际上是由经济所处的发展阶段内生决定的,是处于动态变化之中的。根据最优金融结构理论的核心观点,不同时期要素禀赋结构、经济结构和发展战略的变化,将决定不同经济发展阶段的最优金融结构(林毅夫等,2006)(见图4-10)。

(一)自然资源

一个国家或地区的自然资源禀赋(包括土地、矿产、水资源、森林资源等)是物质生产活动的必要投入品,是经济赖以发展的重要物质基础。

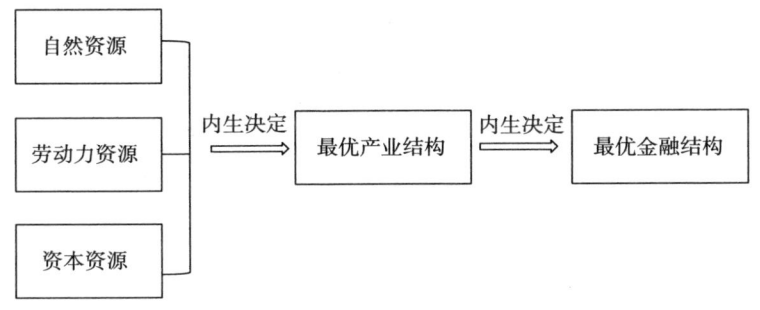

图 4-10　新结构经济学视角下的最优金融结构决定机制

近代史表明，自然资源对于一国国民财富的初始积累起着非常关键的作用，如美国、澳大利亚、加拿大、智利、挪威等国家的快速工业化与其丰裕的自然资源密不可分。但长期来看，拥有丰富自然资源禀赋的国家能否实现经济的可持续发展与产业的转型升级，关键在于其发展战略与发展模式的选择。

（二）劳动力资源

国家的人口总量和人口结构共同决定了该国劳动供给的丰富程度。劳动力资源丰富能够有效降低企业的劳动力成本，提升经济的增长潜力，实现"人口红利"，比如带动劳动密集型产业发展，将人口年龄结构优势转化为产业结构特征。当一国人口老龄化程度上升，劳动力供给下降，企业为了维持生产经营需要支付更高的人力成本。如果其他经济条件维持不变，此时"人口红利"将减弱，发展劳动密集型产业的比较优势不再，需要转而挖掘资本和技术的潜力，才能为经济增长注入新的动力。

（三）储蓄总额

储蓄总额是物质资本的重要组成部分。储蓄总额对现代经济增长至关重要，是一国资本形成的物质资源和基础，是推动投资的先决条件。伴随国民人均收入和储蓄率上升，储蓄总额的增加将丰富资本资源，降低资金成本，有利于发展高附加值、高技术含量的资本密集型产业，促进经济结构转型。储蓄总额同样是金融市场发展的基础。大量的社会闲散资金意味着巨大的金融市场发展潜力，多元化的居民资产配置需求能够促进商业信用体系发展，拓展金融体系内涵和外延。现有研究表明，一个国家或地区的人均收入水平越高，其直接融资市场规模往往更大，产品种类更多，交易更为活跃（Levine，2001；林毅夫等，2006）。

（四）产业结构与风险特征

由于风险特征不同，不同产业通过不同融资方式获得资金所需支付的成本存在显著差异（Rajan等，1999；Amel等，1990，1997）。在以低端制造业为主的经济体中，企业有不算高却相对稳定的经营现金流，有充足的通用资产用作抵押或质押，包括房产、土地、设备、存货等，经营风险相对较低，适合银行的风险偏好，但对股权投资者吸引力不足。这一产业结构将促进银行体系不断发展壮大，但导致资本市场发展缓慢。伴随经济的结构性变化和产业的不断升级，新兴产业尤其是风险偏高的高科技类企业需要不断增加研发投入，提高自主创新能力。由于自身发展具有较大的不确定性，间接融资不能有效满足战略性新兴产业的融资需求，需要能够适应其风险特征的金融工具、金融制度、金融政策和金融服务，才能有效降低企业融资成本，促进新兴产业快速成长。

（五）国家发展战略安排

政府所推行的发展战略也是影响产业升级和金融结构的重要因素（林毅夫等，1994、1999）。一个国家整体的经济发展战略包括政府在经济发展过程中所选定的发展目标，以及为了实现这个目标而制定的配套政策和制度安排。在落实国家发展战略的过程中，政府将指导性地干预资源配置，通过财政补贴等不同形式予以支持，降低不同产业所需承担的实际融资成本，从而改变经济系统中的最优产业结构与技术结构，进而促成与产业发展需求相适应的金融结构。

二、我国直接融资结构的模型拟合测算

（一）模型设定

根据最优金融结构理论，一国的最优金融供给侧结构将由自然资源、劳动力资源、资本资源、产业结构和产业风险特征共同决定。根据上述观点，结合研究主题，本节的计量回归基准模型设定如下（见表 4-9）。

表 4-9　　　　　　　　　回归模型变量说明

决定因素	变量	计算公式	单位	数据来源
直接融资结构（存量法）	直接融资占比	（股票市值+债券融资余额）/（股票市值+债券融资余额+银行信贷余额）	%	世界银行、国际清算银行、Refinitive
	股票融资占比	股票市值/（股票市值+债券融资余额）	%	世界银行、国际清算银行、Refinitive
劳动力资源	劳动力人口	15岁至64岁劳动年龄人口数	百万人	世界银行、Wind 资讯
资本资源	储蓄总额	总储蓄占 GDP 比重×GDP	万亿美元	世界银行、Wind 资讯
产业结构	工业占比	工业增加值/GDP	%	世界银行、Wind 资讯
产业风险特征	高科技产品出口占比	高科技产品出口额/制成品出口额	%	世界银行、Wind 资讯

$$Ratios_{i,t} = \beta_0 + \beta_1 \times Labor_{i,t} + \beta_2 \times Saving_{i,t} + \beta_3 \times Industry_{i,t} + \beta_4 \times HighTech_{i,t} + \varepsilon_{i,t}$$

其中，$Ratios_{i,t}$ 为样本国家直接融资市场比例，具体包括两个比率——直接融资占金融市场比重和股票融资占直接融资比重[①]。$Labor$ 为一国劳动

[①] 由于计算难度较大且国际数据的可得性有限，在计算直接融资占比时，没有包括我国企业和中外合资企业在境外融资所得资金，未能考虑我国企业融资国际化所带来的影响。

力人口总量,用于衡量劳动力资源的丰裕程度;$Saving$ 为储蓄总额,反映了国家资本资源的多寡;$Industry$ 为工业增加值占 GDP 的比重,是产业结构的代理变量;$HighTech$ 为高科技产品出口额占制成品出口额比重,衡量高新技术制造业所占比重,体现了国家的技术创新风险①。上述实证模型纳入了最优金融结构理论中最核心的四个要素,模型设定比较简洁,实现相对容易,得出的估算结果将为后续分析提供数据参考。

(二)模型拟合结果分析

在样本选择方面,本书收集了 1988—2017 年 22 个国家的季度混合数据(Pooled Data)②。对于每一年的样本数据,我们选取资本形成效率位于前 50% 的观测值③,作为金融市场结构能够较好匹配产业需求的样本纳入回归模型,参与混合最小二乘(Pooled OLS)估计。回归结果见表 4 – 10

表 4 – 10　　　　　　　　回归结果统计表

变量	直接融资占金融市场比重	股票融资占直接融资比重
劳动力人口	– 0.024 ***	– 0.002
t 值	(– 6.77)	(– 0.57)
总储蓄	4.200 ***	– 0.324
t 值	(7.17)	(– 0.48)
工业占 GDP 比重	– 1.127 ***	0.842 ***
t 值	(– 15.12)	(9.81)
高科技产品出口占比	0.518 ***	0.154 ***
t 值	(11.81)	(3.06)

---

① 回归模型没有包括自然资源的代理变量,一方面因为不同国家自然资源的丰富程度难以进行量化,另一方面因为工业占比这一变量部分反映了自然资源的丰富程度,自然资源禀赋具有比较优势的国家往往能够更快速地实现工业化。

② 22 个样本国家包括奥地利、澳大利亚、波兰、丹麦、德国、法国、芬兰、荷兰、加拿大、捷克、美国、挪威、葡萄牙、日本、瑞典、泰国、土耳其、西班牙、匈牙利、意大利、英国和中国。

③ 根据哈罗德 – 多马经济增长模型,资本形成效率的计算方法为,用各地区相应年份的实际 GDP 除以经投资价格指数调整后的固定资产投资,即资本边际产出率 = 实际 GDP 增量/实际固定资产投资。数据来源为 Refinitive。

续表

变量	直接融资占金融市场比重	股票融资占直接融资比重
截距项	86.003 ***	14.244 ***
t 值	(41.19)	(5.92)
样本量	847	847
调整后 R^2	48.7%	20.0%

注：*** 表示 t 值在 1% 的水平上统计显著。

以直接融资占金融市场比重为因变量，计量结果显示：

（1）随着人口红利的消失，需要更高的直接融资比重才能匹配产业发展的融资需求。劳动力人口的回归系数显著为负，这说明当劳动力资源的比较优势下降，需要更高的直接融资比重才能匹配经济发展需求。

（2）丰富的资本资源有助于提高直接融资比重。总储蓄的回归系数显著为正，这说明，资本资源越丰富，直接融资比重越高。

（3）发展高技术产业，必须匹配相应的直接融资比重。高科技产品占出口总额比重的系数显著为正，表明新兴产业和高技术产业占比上升时，需要更高的直接融资比重才能满足实体经济的发展需求。

以股票融资占直接融资比重为因变量时，高科技产品占出口总额比重的系数显著为正，表明高技术制造业的发展需要更高的股票融资比重才能满足其融资需求。

基于上述回归结果，将中国 2018 年的劳动力人口、储蓄总额、工业占 GDP 比重与高科技产品占出口总额比重的实际数据代入拟合模型，可测算 2018 年中国直接融资占比与股票融资占比的拟合值，并通过计算两者之间差值得到债券融资占比的拟合值。

如表 4-11 所示，依据回归模型，中国 2018 年的直接融资占比拟合值约为 61.4%，其中股票融资占比拟合值约为 30.4%，债券融资占比拟合值约为 31.0%。从实际数据来看，中国 2018 年的实际直接融资占比为仅为 48.7%，实际股票融资占比仅有 16.0%，实际债券融资占比为 32.7%。对比上述两组数据，我国目前的直接融资市场结构相较于理论推导所得的直接融资占比存在显著差异，差距主要体现在股票融资占金融市场比重过低，股票融资的发展水平较为滞后，不能满足实体经济转型升级的投融资需求。

表 4-11　　　　　　直接融资市场结构的模型拟合结果

项目	直接融资占金融市场比重（%）	股票融资占金融市场比重（%）	债券融资占金融市场比重（%）
2018 年实际融资结构	48.7	16.0	32.7
2018 年融资结构拟合值	61.4	30.4	31.0
差距	-12.70	-14.40	1.70

三、未来 5 年到 10 年我国直接融资结构趋势研判

党的十九大报告提出，要坚定实施创新驱动发展战略，加快建设创新型国家。在创新驱动发展的背景下，推进自主创新和发展高新技术产业将被摆在更加突出的地位，直接融资市场尤其是股权融资市场将承担更为重要的职责。本部分将从落实创新驱动发展战略出发，在合理假设的基础上，通过模型拟合测算对未来 5 年、10 年，匹配我国产业发展需要的直接融资结构。

为了充分体现创新驱动发展的精神，本部分对我国劳动力人口、储蓄总额、工业占 GDP 比重、高科技产品占出口总额比重的未来增速分别做出以下假设：

一是劳动力人口的年增长率为过去十年的平均增速；

二是储蓄总额、工业占比和高科技产品出口占比的年增长率为过去三年的平均增速（见表 4-12）。

基于上述假设，将 2023 年与 2028 年各自变量的预测值代入计量模型，可测算 2023 年与 2028 年我国直接融资占比与股票融资占比的拟合值，并通过计算两者之差得到债券融资占比的拟合值。

表 4-12　未来 5 年到 10 年模型自变量变化趋势假设

项目	劳动力人口 （百万人）	总储蓄 （万亿美元）	工业占 GDP 比重 （%）	高科技产品占 总出口比重（%）
2018 年实际值	788.44	5.82	40.65	30.91
2023 年假设值	793.22	7.49	40.77	33.28
2028 年假设值	796.12	9.64	40.98	35.44

如表 4-13 所示，中国 2023 年的直接融资占比拟合值为 69.4%，其中股票融资占比拟合值为 34.3%，债券融资占比拟合值为 35.1%。中国 2028 年的直接融资占比拟合值为 79.3%，其中股票融资占比拟合值为 39.0%，债券融资占比拟合值为 40.3%。上述结果表明，未来 5 年到 10 年，我国需要显著提高直接融资比例特别是股票融资比例，才能有效满足创新驱动发展的需求。

表 4-13　未来 5 年到 10 年金融结构的拟合结果　　　　单位：%

项目	直接融资占比	股票融资占比	债券融资占比
2018 年实际融资结构	48.7	16.0	32.7
2018 年融资结构拟合值	61.4	30.4	31.0
2023 年融资结构拟合值	69.4	34.3	35.1
2028 年融资结构拟合值	79.3	39.0	40.3

四、直接融资比重已不适应实体经济需求

一是我国正在从"引进—消化—再创新"型技术创新向"自主创新和（准）前沿技术"的革命性技术创新迈进。最优金融结构理论根据不同国家经济发展阶段不同，将技术划分为成熟型技术（或前沿内技术）和前沿技术，其中，资本市场适配发达国家前沿技术创新。发展中国家或落后国家通过"引进和模仿"发达国家的成熟技术提升本国技术水平，这种情况下银行间接融资体系更有利于促进技术创新和经济发展。在很长一段时间

里，我国技术创新以引进为主，这类技术创新不确定性较低，其融资来源主要依靠银行体系，近年来随着自主创新的推进和企业创新的活跃，传统银行体系已难以满足新的技术创新类型的融资需求。当前，在我国从"引进—消化—再创新"型技术创新向"自主创新和（准）前沿技术"的革命性技术创新迈进过程中，金融结构的动态演进中匹配创新类型的转换显得尤为重要，在间接融资体系基础上发展更能匹配新的创新型技术类型的权益型直接融资体系迫在眉睫。本书研究结论也显示，高科技产品占出口总额比重的系数显著为正，表明新兴产业和高技术产业占比上升时，需要更高的直接融资尤其是股票融资，才能满足实体经济的发展需求。

二是我国目前的金融结构仍然是以银行为主导的金融结构，但直接融资市场对经济发展的作用开始显现、增强。当前，金融市场中银行部门仍是促进经济增长最重要的部门，金融市场仍以银行为主导。另外，股票市场对于经济增长的市场效应逐渐体现、加强。研究显示，随着人口红利的消失，需要更高的直接融资比重，特别是股权融资比重，才能匹配产业发展的融资需求。其他学者的研究也支持我们的观点。季益烽（2014）采用中国 2001—2010 年的季度数据通过时间序列的分析方法（如：Granger 因果关系检验法、多元协整检验法、弱外生变量检验法等）对我国银行部门、股票市场与经济增长之间的关系进行了经验分析，结果显示，直接融资体系的市场化改革相对落后于我国实体经济部门的需求，但对于推动我国经济增长确实发挥了一定的作用。而且，股票市场发展指标对于我国经济增长的影响也有增加的趋势，其中以股市规模发展指标最为明显。

三是偏离金融结构拟合结果的最主要指标是"股票融资占比"，表明我国多层次资本市场的发展任重道远。目前，实际直接融资占比为 48.7%，与直接融资占比拟合值的 61.4% 存在较大差距，特别是股权融资占比差距更大。展望未来 5 年、10 年，直接融资结构的拟合结果分别为 69.4%、79.3%，差距尤其明显。其中，偏离金融结构拟合值的最主要指标是"股票融资占比"，当前偏离约 14.4%，与未来 5 年、10 年拟合值相比则分别偏离 18.3%、23.0%。这说明，一方面，我国多层次股票市场存在巨大发展空间,当前正处于最大的战略机遇期;另一方面,我国股票市场的改革任务使命艰巨,如何适应实体经济特别是创新科技的发展需求,任重道远。

第四节 创新驱动战略下我国直接融资体系的短板分析

高质量发展的根本在于经济的活力、创新力和竞争力,供给侧结构性改革是根本途径。长期以来,以银行信贷为主的间接融资占据着我国金融体系的主导地位,对我国经济实现高质量增长形成一定制约。对比境外成熟市场直接融资发展历程经验,总结我国直接融资的历史现状,通过建模方式探究更适应我国现阶段经济发展需求的直接融资比重,可发现当前我国直接融资体系还存在以下几个方面的问题。

一、对比境外成熟市场,我国直接融资体系服务能力有待提高

从境外成熟市场直接融资发展历程和经验来看,非银行金融机构是一个至关重要的角色,有力支持了投融资业务需求向精细化专业化发展。

(一)我国证券行业整体规模较小,在金融系统的影响力相对较弱

截至 2018 年底,我国 131 家证券公司总资产为 6.26 万亿元,而商业银行总资产为 261.41 万亿元,证券行业资产规模仅为银行业的 2.4%[①]。我国股票市场和债券市场规模已位居全球第二,但与美国、日本等发达国家相比,我国证券业资产规模相对商业银行明显偏低(见图 4-11)。

---

① 数据来源于中国证券业协会和原中国银行业监督管理委员会。

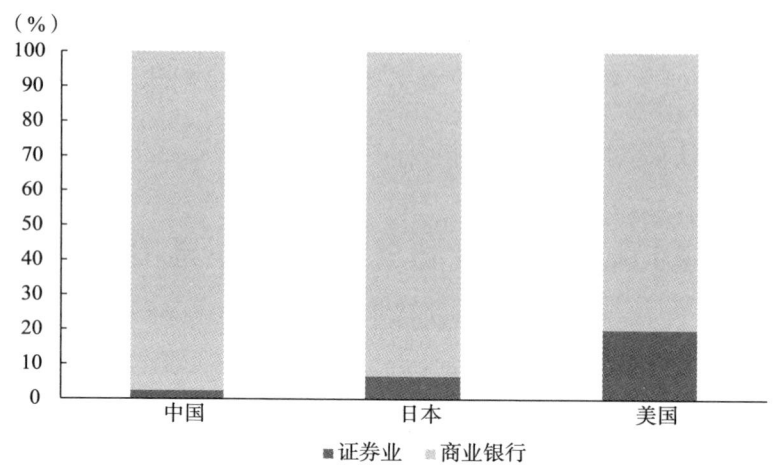

图 4-11　2017 年中、日、美证券业与商业银行资产对比（单位：亿美元）

资料来源：中国、日本证券业协会，SIFMA，日本央行。

（二）国内券商在资本实力、业务规模、国际化程度与境外券商还有较大差距

从综合实力来看，2018 年我国最大的证券公司中信证券总资产相当于高盛的 10.44%；净资产相当于高盛的 27.88%；营业收入相当于高盛的 20.66%。即使是和亚洲的野村证券相比，我国的证券公司实力也较弱，中信证券总资产相当于野村证券的 26.07%，净资产相当于野村证券的 92.18%，营业收入相当于野村证券的 48.93%。从国际化程度来看，2017 年，除中金公司、海通证券境外业务收入占比在 20% 以上，其他证券公司境外业务收入占比较低。即使是中金公司和海通证券，境外业务收入的绝对规模也较小。而国际投行境外收入占比普遍在 25% 以上，高盛集团境外收入占比更是高达 40%，境外收入规模远大于国内券商。此外，中国券商在服务中国企业全球化经营等方面能力不足，中国企业海外大型并购多由国际投行主导（见表 4-13、表 4-14）。

表 4–13　　　　　　2018 年国际投行地区收入构成

国家或地区	高盛集团		摩根士丹利		野村证券	
地区	净收入（亿元人民币）	占比（%）	净收入（亿元人民币）	占比（%）	税前净利润（亿元人民币）	占比（%）
美国	1533	61.03	2011	73.05	-5	-2.46
欧洲、中东、非洲	634	25.24	418	15.18	-9	-4.43
亚洲（除日本外）	345	13.73	324	11.77	14	6.90
日本					203	100.00

注：野村证券数据为 2017-3-31—2018-3-31 报告区间；货币单位按年报报告期末汇率中间价换算。

资料来源：公司年报，小组分析。

表 4–14　　　　　　近年来中国企业大型海外并购案

年份	并购企业	并购标的	收购金额	财务顾问
2012	万达	AMC	26 亿美元	安永、花旗
2013	腾讯	京东 15% 股份	2.14 亿美元	美银美林和华兴资本、巴克莱银行
2014	阿里巴巴	优酷土豆	56 亿美元	摩根士丹利、J.P. 摩根
2015	复星	Meadowbrook 保险集团	4.33 亿美元	毕马威、Willis Capital Markets & Advisory
2016	阿里巴巴	Lazada	10 亿美元	瑞信（香港）、高盛（亚洲）
2016	海航集团	瑞士航空配餐公司瑞士佳美	15 亿美元	瑞银、瑞信
2016	海航集团	卡尔森国际酒店集团	超 20 亿美元	J.P. 摩根、摩根士丹利
2017	中投公司	黑石集团旗下物流公司 Logicor	122.5 亿欧元	Eastdil Secured LLCA、高盛集团、瑞银集团

资料来源：公开资料，东北证券。

（三）我国证券行业同质化竞争现象比较突出

从竞争格局看，不同证券公司的盈利模式相似，主要收入来源依旧为证券经纪、证券自营、承销与保荐三大传统业务。从行业集中度来看，我国证券行业相比美国、日本等发达国家偏低，经济佣金率、融资费率不断走低，行业利润率逐渐下降。随着证券公司纷纷通过寻求转型抢占市场，创新业务收入占比将有望提升。证券行业将从以经纪业务为代表的传统业务，逐步走向以资本中介、资本投资业务为代表的"重资本"业务。创新业务的高速发展强调资本先行，加大资本投入也将成为行业发展的必然趋势（见图4-12）。

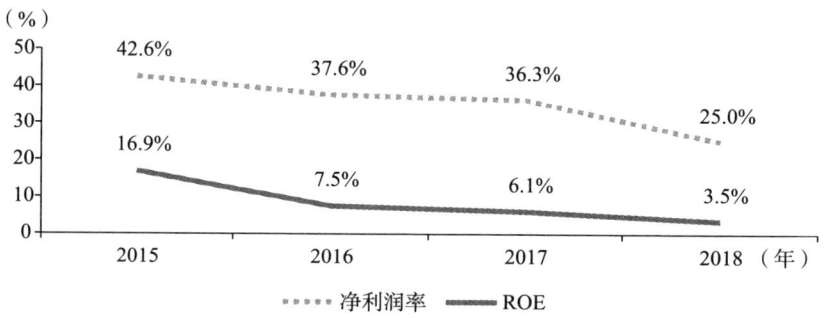

图4-12 中国证券行业净利润率和ROE持续下行

（四）直接融资市场结构不均衡，多方面存在薄弱环节

从市场深度看，资本市场体系结构单一，股票市场一家独大，债券市场存在分割，基金和衍生品规模较小，风险对冲工具匮乏，场外市场与交易所市场发展不均衡，资本市场功能发挥受到制约。从投资者结构看，专业机构投资者持股市值占比不到20%，与美国、欧洲等市场机构投资者70%的占比差距巨大，以散户为主的投资者结构不利于金融创新，抑制了直接融资的发展。

二、从我国产业升级看，难以满足经济高质量发展需求

推动高质量发展是当前和今后一个时期确定发展思路、制定经济政策、实施宏观调控的根本要求。但我国直接融资占比过低，难以满足经济高质量发展需求。

（一）直接融资体系制约了去杠杆进程，不适应产业发展需求

当前，我国金融结构仍以间接融资为主。以存量法计算，我国 2018 年直接融资占比只有约 48.7%，低于美国（87.8%）、加拿大（74.1%）等市场主导型金融体系，也不及日本（74.0%）、德国（61.8%）等银行主导型金融体系。当前，我国宏观杠杆率居高不下，累积了金融风险。资本市场是我国金融体系中的短板，直接制约着去杠杆的进程。此外，在很长一段时间里，我国技术创新以引进为主，这类技术创新不确定性较低，其融资来源主要依靠银行体系。但随着自主创新的推进和创业创新的活跃，我国正从依靠"引进—消化—再创新"的技术创新模式，迈向"自主创新和前沿技术"的革命性技术创新模式，传统银行体系已难以满足新型创新类型的需求，发展更能匹配新型创新类型的权益型直接融资体系迫在眉睫。

（二）债券市场对科创企业、民营企业的支持力度不足

在我国债券市场中，国债、政策性金融债和中央银行票据占据了市场较大比重，公司债和企业债等占比较低。发债企业方面又以国有企业为主，创新企业、民营企业获得的融资支持相对不足。从交易所市场来看，2011 年之后，企业债代替国债成为交易所债券市场第一大品种，但大部分发行对象为国有大中型企业，非公有制经济的中小企业在债券市场获得的融资支持有限。2019 年 4 月，民营企业债券净融资仅为 1849.8 亿元。从信用债净融资行业分布来看，基建产业链行业依然为信用债净融资的绝对主力。2019 年 4 月，建筑装饰＋公用事业＋地产＋钢铁产业债净融资 2096.7 亿元，占总产业债净融资（剔除银行、非银金融）的 68.8%。

（三）IPO 市场与再融资市场的抑价率相对较高

相比其他国际股票市场，深沪两市 IPO 抑价率较高，特别是调整后的 IPO 抑价率是其他股票市场的数倍乃至十倍；深沪市场的再融资折价率水

平也远高于其他国际主要股票市场①。IPO 市场与再融资市场相对较高的抑价率可能吸引大量生产流通领域的资金追逐无风险收益。对于融资方而言，普遍高估值可能误导企业热衷再融资和资本运作，不利于资源有效配置于实体经济。对于投资方而言，扭曲的价格信号使投资者难以对公司真实价值作出准确判断，短期套利行为可能进一步增加股市的非正常波动（见表 4-15、表 4-16）。

表 4-15　2007—2017 年股票市场 IPO 配置效率的国际比较

市场	IPO 数量（个）	算术平均抑价率			加权平均抑价率		
		未调整（%）	调整后（%）	排名	未调整（%）	调整后（%）	排名
上交所	509	42.79	238.64	10	34.06	97.62	9
深交所	1341	57.00	185.40	9	43.36	147.53	10
港交所	678	17.73	17.73	4	11.18	11.18	5
台交所	187	31.98	31.98	8	33.35	33.35	8
纽交所	787	13.57	13.57	2	10.06	10.06	4
纳斯达克	841	21.40	21.40	5	14.87	14.87	6
伦交所	788	16.27	16.27	3	6.98	6.98	1
日交所	111	10.99	10.99	1	9.79	9.79	3
澳交所	656	22.51	22.51	7	9.28	9.28	2
孟交所	126	22.11	22.11	6	15.90	15.90	7
圣交所	57	6.59	6.59	—	5.90	5.90	—
约交所	58	32.39	32.39	—	17.86	17.86	—
莫交所	14	1.98	1.98	—	0.05	0.05	—

注：(1) 考虑到政策差异和数据可得性，此处的抑价率调整只适用于沪深两市；(2) 沪市和深市分别有 32.30% 和 24.87% 的 IPO 上市首日涨停，且存在连续涨停现象，故调整后 IPO 抑价率大幅提高；(3) 抑价率为反向指标，抑价率越高、配置效率越低，此处排名按照配置效率由高到低进行排序，后文做同样处理；(4) 加权平均计算中以资金额作为权重，后文亦做同样处理。

---

① IPO 抑价率指首次公开发行定价低于上市初始价格的比率，反映新股发行定价被低估的程度。再融资折价率指再融资发行价格低于发行公告日前一交易日收盘价的比率。具体相关理论及推导请参见：南开大学中国市场质量研究中心：《中国股票市场质量报告 2018》，中国金融出版社 2018 年版。

表 4-16　　2007—2017 年股票市场再融资配置效率的国际比较

市场	次数	算数平均折价率（%）	排名	加权平均折价率（%）	排名
上交所	989	36.71	11	40.32	11
深交所	1514	47.39	12	44.29	12
港交所	1374	11.98	4	10.71	3
台交所	655	31.31	9	15.12	8
纽交所	1023	8.47	2	12.72	5
纳斯达克	1611	9.33	3	5.83	1
伦交所	2279	5.64	1	10.69	2
日交所	890	21.56	7	25.27	10
澳交所	2583	13.48	5	18.31	9
孟交所	652	29.23	8	11.78	4
圣交所	330	31.40	10	13.83	7
约交所	295	13.68	6	12.92	6
莫交所	19	3.74	—	6.19	—

资料来源：南开大学中国市场质量研究中心：《中国股票市场质量报告 2018》，中国金融出版社 2018 年版。

（四）中西部地区、农村地区获取直接融资资源的难度较大

从直接融资资源配置的地区来看，主要集中于东部经济发达地区、城市地区，而中西部地区、农村地区获取金融服务的难度较大。发达地区由于经济发展水平较高，金融市场主体多元，金融供给相对充分；欠发达地区由于经济发展水平较低、金融深化不足，导致金融压力较大，金融供给明显不足。2018 年，东部如广东、江苏、浙江的股权融资规模分别为 2189 亿元、1665 亿元和 1062 亿元，中西部如江西、陕西、贵州的股权融资规模仅为 51 亿元、69 亿元和 67 亿元。

三、站在融资结构角度,银行信贷增长过快抑制直接融资发展

虽然直接融资市场对我国经济发展的作用开始显现,但我国金融结构仍以银行为主导,间接融资过快增长某种程度上也抑制了直接融资的发展。

(一) 银行借助资本市场实现信贷规模快速扩张

2006 年以来,四大行陆续上市,银行借助资本市场实现上市和上市后再融资,规模快速扩张,不断增加和充实资本金导致银行信贷规模不断膨胀,抑制直接融资比例上升。2018 年全年,中国上市银行的 A 股股权融资总额为 2635 亿元(可转债融资 230 亿元),占融资总规模的 22%。2008—2018 年,中国上市银行融资总额达 14416 亿元,占过去 10 年上市公司融资总额的 13%。银行依赖资本市场发展壮大了自身。在此背景下,中国上市银行信贷规模增长的速度也非常快。截至 2018 年末,我国 47 家上市银行的资产总规模达 178.67 万亿元,贷款余额 95.12 万亿元,存款余额 122.50 万亿元,分别占我国商业银行资产规模、贷款余额、存款余额的 85.10%、73.93%、75.51%。由此产生了如下悖论:资本市场发展的重要目标之一是提升直接融资比重服务,但由于银行通过资本市场融资增强了银行体系间接融资能力,导致提高直接融资比重的目标难以实现。

(二) 影子银行规模膨胀,推高间接融资规模

2013—2016 年,央行多次降准降息,银行间流动性充裕,利率中枢下行,表外监管趋严,表内同业业务兴起,银行负债端成为影子银行的核心驱动力。如图 4-13 所示,银行 A 通过同业理财或同业存单委托银行 B 投资,银行 B 通过非银行金融机构投资资管计划,委外机构对通过银行 C 进行债券质押加杠杆,提高委托资金收益率。由于资本市场存在投资风险,居民在投资上更倾向于选择具有刚兑属性、收益率可观的银行理财产品,

从而推动银行存款规模不断扩大,增强信贷提供能力。

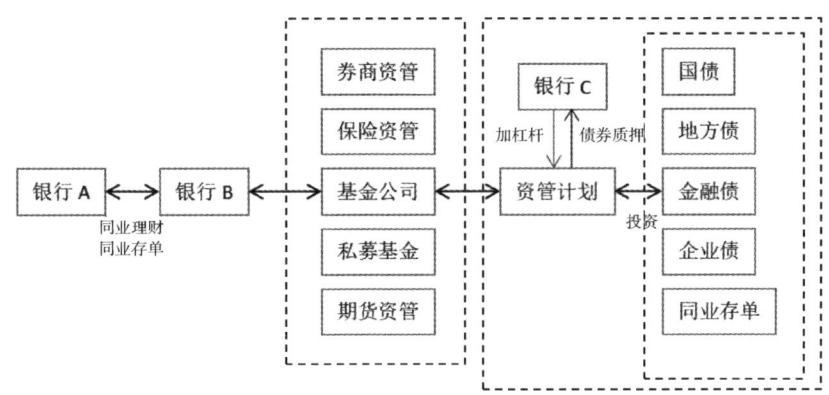

图 4-13　影子银行规模膨胀路径

采用广义口径测算,2010 年以前,中国影子银行规模在 8 万亿元以下,而截至 2016 年底广义影子银行规模上升至将近 96 万亿元。2010—2016 年,银行非传统信贷业务资产规模年均复合增长率为 11.9%,非银行金融机构管理的资产规模年均复合增长率为 43.6%。影子银行资金中的相当一部分投向了非标领域,而非标大多投向了信贷限制领域,包括房地产、地方融资平台、资金短缺的中小微企业和"两高一剩"等领域,不利于整体金融结构的优化。

第五节　创新资本形成效率提升的启示和建议

习近平总书记提出,"要以金融体系结构调整优化为重点,优化融资结构和金融机构体系、市场体系、产品体系,为实体经济发展提供更高质量、更有效率的金融服务"。不同国家以及同一国家的不同创新阶段,对金融服务的需求会存在差异。一方面,中国经济发展的低成本红利在逐渐消失,粗放型增长方式带来的问题不断凸显,"脱实向虚"问题较为严重,金融体系与实体经济发展越来越不匹配,制约着中国经济可持续健康发展；另一方面，我国正在从依靠"引进—消化—再创新"的技术创新向"自主创新和前沿技术"的革命性技术创新迈进，以金融结构的动态演进匹配创新类型的转换尤为重要，在间接融资体系基础上发展更能匹配新的技术创新模式的权益型直接融资体系迫在眉睫。

习近平总书记强调，"要建设一个规范、透明、开放、有活力、有韧性的资本市场，完善资本市场基础性制度，把好市场入口和市场出口两道关，加强对交易的全程监管"。习近平总书记关于资本市场的重要论述为资本市场的改革稳定发展提供了根本遵循。当前，资本市场改革的重要任务和目标就是"提高直接融资比重"。近年来，"提高直接融资特别是股权融资比重"已经写入了国务院的政府工作报告。为了更好地发展我国直接融资市场，本书提出以下几点启示和建议。

第一，适应未来 5 年、10 年直接融资占比发展趋势，探索形成中国新型金融体系的演化框架。我国多层次股票市场存在巨大发展空间，使命艰巨，任重道远。大国发展的经验告诉我们，金融体系服务实体经济的动态拟合是国家经济崛起的根本性力量。由于现阶段中国的要素禀赋结构与发达国家存在较大差异，且禀赋结构的变化是通过要素的逐步积累而进行的，这就决定了资源配置从银行主导向市场主导的转换是一个渐进的过程。需要适应未来直接融资市场发展趋势，探索中国新型金融体系的演化框架，制定"提高直接融资比重"相关发展战略。当然，改革不是简单追求金融市场发展水平的提升，应根据中国的经济发展水平和要求设定阶段性目标，协调银行中介和直接融资的互补功能，进而实现金融结构助推产业结构升级以及产业结构引领金融结构调整的互动局面。

第二，将深圳打造成为具有国际影响力的全球直接融资中心。深圳是中国改革开放试验田，已经发展成为一座充满魅力、动力、活力和创新力的国际化创新型城市。一方面，新经济占经济总量的比重超过 60%，国家级高新技术企业总量超过 1.4 万家，高新技术产品出口占全市出口超过一半，科技创新是深圳经济增长的重要引擎；另一方面，金融业是深圳重要的支柱产业，在 2021 年 3 月发布的"第 29 期全球金融中心指数报告

（GFCI 29）"中，深圳位列第 8 名，跻身全球十大金融中心之一。深圳具备成为"全球直接融资中心"的条件和环境。建议依托深圳证券交易所大力发展多层次资本市场，健全直接融资市场体系，拓展直接融资工具和渠道，完善直接融资生态，打造跨境直接融资服务平台，大力提高直接融资占比，逐步形成与中国特色社会主义先行示范区相匹配的全球直接融资中心，把深圳打造成创新资本定价中心、跨境投融资服务标杆平台和产学研深度融合示范基地。

第三，夯实发展直接融资的法制、体制和科技基础。法制是资本市场善治的根基。市场配置资源功能的发挥，本质上是通过市场交易关系实现的，公平有效的交易关系必须以产权清晰、契约自由、地位平等、公平竞争为基础，这都需要通过具体的民商事法律制度、行政法律制度和刑事法律制度来体现和保障。要整合监管资源，丰富和强化监管机关的执法措施和执法手段，完善民事、行政和刑事法律责任制度，提高监管效能。以解决投资者经济利益救济难题为目标，健全多元化的纠纷解决和利益补偿机制。以公开透明为原则，积极营造诚信守法的市场环境，以构建创新与法治的良性互动关系为手段，形成法治引领和保障改革创新在法治轨道上运行的新常态。

目前，注册制改革正在稳步推进，进一步完善直接融资环境，明确监管机构责任边界，减少和取消不必要的审批流程，发挥市场在资源配置中的决定性作用，更好发挥政府作用，激发市场活力。在做足投资者保护前提下坚决推进市场化改革，分步骤推进发行上市、再融资、并购重组、退市等各环节的市场化改革，尽快调整资本市场目前不适应经济高质量发展需要的制度、条件、标准，促进上市公司优胜劣汰。加强对上市公司募集资金的监管，提高募集资金使用效率，防止将募集资金变相用于财务性投资。不断强化投资者权益救济机制，拓展投资者受侵害权益的救济渠道，加强对投资者尤其是中小投资者权益的保护。平衡承销商、投资者、中介机构等各方利益，形成推动市场发展的合力。充分发挥信息披露与信用评级等市场约束激励机制作用，培养和倡导投资人的风险意识。充分发挥政府类资金的引导作用，大力发展私募股权基金，积极培育机构投资者，壮大发展长期资金。

充分运用金融科技手段，降低直接融资成本，提高直接融资效率。运用科技改变金融，随着大数据、超级计算、人工智能、机器学习、区块链等的迅速发展，金融科技正通过与传统金融的竞争及合作，在效率和稳定之间找到平衡，形成各类金融工具协同作用的新金融生态。有效发挥金融科技在弥补信息不对称、降低经营成本等方面的潜力，提升金融服务实体经济、服务投资者和管理风险的能力。探索金融业同其他领域的数据共享和大数据应用模式，支持金融机构研究制定中国金融科技标准，争取中国在金融科技领域全球话语权。

结　　语

　　回顾历史，我们发现历次产业革命都是始于科技、成于金融，科技创新竞争的背后是创新资本形成效率之争，推动资本流入创新的能力是重要的国家能力。2018年美国挑起的中美贸易战一定程度上暴露了我国在关键核心技术上受制于人的弱点。大争之世，不进则退，当前全方位推动创新资本形成更具有重要性和紧迫性。习总书记在2018年5月28日的中国科学院第十九次院士大会、中国工程院第十四次院士大会上指出："我国基础科学研究短板依然突出，企业对基础研究重视不够，重大原创性成果缺乏，底层基础技术、基础工艺能力不足，工业母机、高端芯片、基础软硬件、开发平台、基本算法、基础元器件、基础材料等瓶颈仍然突出，关键核心技术受制于人的局面没有得到根本性改变……实践反复告诉我们，关键核心技术是要不来、买不来、讨不来的。只有把关键核心技术掌握在自己手中，才能从根本上保障国家经济安全、国防安全和其他安全。"在新的历史时期，我们要去做经历时间更长、花费更多、风险更大、更艰苦的基础研究和产业化改革，如何进一步促进资本流入创新，提高创新的效率和质量，是摆在我们面前的关键问题。新时代为创新资本形成提供了有利的宏观环境，深交所应积极有为、加强协同、勇于担当，在资本市场整体层面和深交所自身业务层面，开展放开市场准入、扩大合作网络、用好金融科技、塑造资本文化等多项工作，主动培育更好的创新资本形成生态，加快建成具有国际竞争力的创新资本形成中心。

　　立足湾区、面向世界，是深交所建设创新资本形成中心的关键依托。纵观纽约湾区、旧金山湾区、东京湾区的发展轨迹，尽管三大湾区在不同的时间、空间发展壮大，但都经历了港口经济主导、工业经济发展、服务经济壮大、创新经济引领的发展阶段。在全球迎来新一轮科技革命与产业变革的背景下，创新资本形成能力是各湾区抢占新一轮制高点的关键。粤港澳大湾区地理位置优越，具有世界级的海港和航空港，先天优势明显。大湾区内部产业结构完备，企业资源丰富，金融基础设施初步完善。对标世界三大一流湾区，粤港澳大湾区拥有更丰富的人口、人才、资金等要素资源，但在资本形成方面仍存在一定差距。具体而言，粤港澳大湾区存在"一个国家、两种制度、三个关税区、四个核心城市"的特定情况，内部金融体制差异较大，资金流通不畅，资本市场互联互通不足，金融整体国际化程度有待加强，产品和服务体系也仍需完善。如何推进体制机制改革，有效整合三地各自在金融服务和资本形成上的比较优势，变"制度之异"为"制度之利"，形成协同效应，有力提高资本形成能力尤其是创新资本形成能力，是粤港澳大湾区建设必须攻克的难题。

深交所和粤港澳大湾区创新资本形成能力的提高，根本上立足于、服从于、服务于我国金融体制和金融结构的优化和完善。金融是现代经济的核心，是提高资源配置效率的重要抓手。过去30年间，全球金融结构发生深刻演变，各大经济体直接融资比重整体呈现上升态势，"银行主导型"地区与"市场主导型"地区直接融资占比差距不断缩小。经济发展水平的提高、机构投资者的壮大、非银行金融（服务）机构的成长，以及金融自由化、金融开放等改革，对直接融资的崛起起到了积极作用。与境外成熟市场相比，我国直接融资体系服务能力有待提高，银行信贷增长过快也一定程度上抑制了直接融资发展。习近平总书记指出，资本市场是我国金融体系中的短板，直接制约着去杠杆的进程。易会满主席提出，当前制约资本市场高质量发展的最突出问题是结构性问题，"抓住了结构，就抓住了根本"。大力发展资本市场，优化资本市场结构，提升直接融资比重尤其是股权融资比重，是我国降低宏观杠杆率、实现新旧动能转换的迫切需求。进一步明确中国新型金融体系的演化路线图，深化金融基础制度改革，营造直接融资稳定健康发展的法治环境，充分运用金融科技手段提高直接融资效率，夯实发展直接融资的制度、法治和科技基础，是当前和下一阶段的工作重点。

参考文献

一、外文文献

[1] Aghion, P., Bolton, P., An Incomplete Contracts Approach to Financial Contracting, 1992, Review of Economic Studie.

[2] Allen, F., Gale, D., Financial Contagion, 2000, Journal of Political Economy.

[3] Bolton, P., Freixas, X., Equity, Bonds, and Bank Debt: Capital Structure and Financial Market Equilibrium under Asymmetric Information, 2000, Journal of Politics.

[4] Demirgü - Kunt, A., Levine, R., Bank - Based and Market - Based Financial Systems: Cross - Country Comparisons, 1999, NBER Working Paper.

[5] Benmelech, E., Asset Salability and Debt Maturity: Evidence from Nineteenth - Century American Railroads, 2009, The Review of Financial Studies.

[6] Goldsmith, R. W., Financial Structure and Development, 1969, Yale University Press.

[7] Randall, M., Masao, N., Banks and Corporate Control in Japan, 1999, The Journal of Finance.

[8] Weinstein, D., Yafeh Y., On the Costs of a Bank - centered Finan-

cial System: Evidence from the Main Bank Relations in Japan, 1998, The Journal of Finance.

[9] Allen, F., Gale D., Comparing Financial Systems, 2000, The MIT Press.

[10] Demirguc-Kunt, A., Feyen, E., Levine, R., Optimal Financial Structures and Development: The Evolving Importance of Banks and Markets, 2011, World Bank Working Paper.

[11] Gerschenkron, A., Economic Backwardness in Historical Perspective, a Book of Esays, 1962, Harvard University Press.

[12] Manso, G., Motivating Innovation, 2011, The Journal of Finance.

二、中文文献

[1] 贝政新, 冯恂等. 机构投资者发展研究 [M]. 复旦大学出版社, 2005.

[2] 龚强, 张一林, 林毅夫. 产业结构、风险特性与最优金融结构 [J]. 经济研究, 2014 (4): 13.

[3] 黄金老. 金融自由化与金融脆弱性 [M]. 中国城市出版社, 2001.

[4] 季益烽. 金融结构的变迁与最优金融结构 [D]. 南开大学, 2014.

[5] 林毅夫, 蔡昉, 李周. 中国的奇迹: 发展战略与经济改革（增订版）[M]. 格致出版社, 2014.

[6] 林毅夫, 孙希芳, 姜烨. 经济发展中的最优金融结构理论初探 [J]. 经济研究, 2009 (8): 14.

[7] 林毅夫. 新结构经济学、自生能力与新的理论见解 [J]. 武汉大学学报（哲学社会科学版）, 2017 (6): 11.

[8] 林毅夫, 付才辉. 金融创新如何推动高质量发展——新结构经济

学的视角［J］. 全球商业经典，2019（12）：8.

［9］林毅夫，姚洋. 中国奇迹［M］. 北京大学出版社，2009.

［10］鹿野嘉昭. 日本的金融制度［M］. 中国金融出版社，2003.

［11］祁斌，查向阳. 直接融资和间接融资的国际比较［J］. 新金融评论，2013（6）：16.

［12］王忠生. 中国金融监管制度变迁研究［M］. 湖南大学出版社，2012.

［13］吴盼文. 日本金融制度［M］. 中国金融出版社，2016.

［14］许传华，徐慧玲，周文. 互联网金融发展与金融监管问题研究［M］. 中国金融出版社，2015.

［15］易信，刘凤良. 金融发展、技术创新与产业结构转型——多部门内生增长理论分析框架［J］. 管理世界，2015（10）：17.

［16］张春. 经济发展不同阶段对金融体系的信息要求和政府对银行的干预：来自韩国的经验教训［J］. 经济学（季刊），2001（1）：16.

［17］周丰滨. 哈罗德-多马经济增长理论及经济增长模型探析［J］. 哈尔滨商业大学学报（自然科学版），2001（2）：4.

［18］陈建勋. 从纳克斯的"贫困恶性循环论"所想到的［J］. 上海经济研究，1988（2）：4.

［19］毕秀水. 我国经济有效增长研究——基于自然资本库兹涅茨曲线的经济学分析［J］. 东北师大学报（哲学社会科学版），2005（3）：5.

［20］陈凌霄. 硅谷科技创新的资本路径［J］. 科技与创新，2017（14）：4.

［21］严晨. 国际金融中心建设中的国家角色比较研究［D］. 上海交通大学，2013.

［22］王继磊. 企业债券融资与资本市场发展研究［J］. 知识经济，2018（03）：2.

［23］宋湘燕，李文政. 纽约国际金融中心的资源配置［J］. 中国金融，2015（18）：2.

[24] 韩忠. 二战后旧金山湾区中心城市发展道路比较研究 [D]. 厦门大学, 2008.

[25] 曹晴, 陈娟. 日本证券交易所的内部分层特点和演变历程, 深交所研究简报, 2014.

[26] 王伟, 朱青. 硅谷的投融资环境与投融资模式研究 [J]. 对外经贸, 2012 (04): 3.

[27] 刘岩, 丁宁. 美日多层次资本市场的发展、现状及启示 [J]. 财贸经济, 2007 (10): 8.

[28] 国世平, 粤港澳大湾区规划和全球定位 [M]. 广东人民出版社, 2018.

[29] 姚会元, 孙玲. 美国机构投资者发展的解析与启示 [J]. 广东金融学院学报, 2006 (04): 8.

[30] 刘瞳. 粤港澳大湾区与世界主要湾区和国内主要城市群的比较研究——基于主成分分析法的测度 [J]. 港澳研究, 2017 (04): 15.

[31] 蔡咏课题组. 我国区域性股权市场发展研究——以安徽省股权交易市场为例, 载于《传导》, 2018 (06).

[32] 高尚全, 陆琪. 中国金融改革的进展和新任务 [J]. 清华金融评论, 2017 (11).

[33] 加里·皮萨诺. 创新有趣吗?那是因为你不知道它的另一面 [J]. 哈佛商业评论（中文版）, 2019 年 1 月刊.

[34] 李扬. 如何建立现代金融体系（会议讲话）, 国家金融与发展实验室和苏宁金融研究院于 2017 年 11 月 28 日在南京联合发布《中国居民消费升级指数报告》会议, 2017.

[35] 梁冰. 资本市场服务医疗健康行业研究, 深交所研究简报, 2016.

[36] 林毅夫, 苏剑. 新结构经济学——反思经济发展与政策的理论框架 [M]. 北京大学出版社, 2012.

[37] 龙笑生. 微信读书《世界是平的: 21 世纪简史》点评

区．2017.

[38] 卢一宣，孙烨．推动创新试点"除外条款"落地的调研及建议．深交所研究简报，2018.

[39] 马鲲鹏，李晨．社会主流价值观的助推器、而非纯商业主体：英、美银行业历史研究．招商证券研究报告，2017.

[40] 马险峰．关于完善现代化资本市场体系的几点思考与建议．中证政研简报，2018.

[41] 毛道维，毛有佳．科技金融的逻辑［M］．中国金融出版社，2015.

[42] 彭文生．渐行渐近的金融周期［M］．中信出版社，2017.

[43] 潜力股平台，SHAREEX 基金会．2018 中国股权转让蓝皮书暨30 只 2009—2011 年人民币基金投资退出大数据分析．公开研究报告．

[44] 唐杰．四十年来，深圳产业升级过了多少坎［J］．南方周末，2018 年 1 月刊.

[45] 王忠民．创新的金融逻辑（会议讲话）．君联资本 CEO CLUB 第十七届年会上，2017.

[46] 维克多．黄（美），格雷格．霍洛维茨（美）著．诸葛越等翻译．硅谷生态圈：创新的雨林规则［M］．机械工业出版社，2015.

[47] 杨琨．美国长期股票交易所制度创新分析及启示，深交所研究简报，2018.

[48] 尤瑟夫．凯西斯著，陈晗译．资本之都：国际金融中心变迁史（1780—2009）［M］．中国人民大学出版社，2011.

[49] 郑南磊．科技金融：起源、措施与发展逻辑，深交所研究报告，2015.

[50] 郑南磊．科技型中小企业信用信息系统与资本市场对接研究，深圳市南山区软科学课题报告，2015.

[51] 郑南磊．资本市场服务区域经济发展综合方案，深交所研究报告，2016.

后　记

　　本书主要内容共分四章：第一章从理论的角度，对资本形成、创新资本形成中心和金融供给侧结构发展展开讨论；第二章探讨创新资本中心建设的生态基础与条件；第三章将粤港澳大湾区与世界三大一流湾区的资本形成能力进行全方位对比；第四章以最优金融结构理论为框架，估算有利于促进我国创新资本形成的金融供给侧结构。

　　本书的第一章由郑南磊、卢一宣、卢晓珑执笔，第二章由郑南磊执笔，第三章由彭兴庭、卢一宣、何瑜、卢晓珑、郑喜洋执笔，第四章由彭兴庭、卢晓珑、赵雨、钟荣桂执笔。

　　在本书的写作过程中，得到了很多领导同事和专家学者的大力支持，特别是深圳证券交易所彭明副总经理、深圳市地方金融监督管理局局长何杰先生、中国人民银行深圳市中心支行刘川巍博士、招商基金研究部首席经济学家李湛博士，以及深圳证券交易所何基报、陈彬、吴林祥、王晓津、杨宗杭、郑雪晴、于忠泊等，在此一并表示感谢。

　　由于作者水平有限，本书难免有错漏之处，希望读者批评指正，提出宝贵意见。

郑南磊　彭兴庭　卢晓珑
2022 年 6 月